All Voices from the Island

島嶼湧現的聲音

自治之夢

日治時期到二二八的臺灣民主運動

陳翠蓮◆著

目次

【作者序】

臺灣的啟蒙時代

一九七〇年代黨外運動興起，這波運動不同於十年前自由中國組黨運動，是以戰後新生代成為主力，追求政治與社會改革的同時，並展開對臺灣自我歷史的探索，尤其關注時間上接近、具參照作用的日治時期社會運動史。

過去不被重視的臺灣歷史，該以什麼樣貌面世呢？一九七二年陳少廷在《大學雜誌》提出看法，一九七七年更明確標示以下定位：

在民國八、九年間，當時的臺灣知識青年，由於受到第一次世界大戰後的自由思想潮流及**祖國五四新文學運動的衝擊，乃掀起了一場轟轟烈烈的新文化運動**。這項運動，在政治方面形成抗日民族運動；在社會方面形成社會改革運動；在文化方面，則形成新文學運動。這三個臺灣近代化的大運動，匯合而形成一股壯大的潮流。(陳少廷，《臺灣新文學運動簡史》)

如此這般「臺灣新文化運動源自祖國五四運動」的論述受到官方歡迎，不斷被引用、延伸，「日據時期臺灣新文化運動」成了臺灣雖已割讓給日本，但仍與中國歷史血脈相連的證據。

同一時期，國立編譯館以楊逵的短篇小說〈壓不扁的玫瑰〉「富於民族意識」的理由，納入中學國文教科書選文。戰後久經冷落的楊逵，是極少數仍然健在的日治時期作家，一時之間聲譽突起，享有同時代臺灣作家不曾有過的無比尊榮。文學刊物誇讚他「繼承祖國反抗日本侵略所表現的堅毅不屈、沉著勇敢的偉大傳統」；青年學生聚集到他的東海花園、以親炙朝聖為榮。（蕭阿勤，《回歸現實——臺灣一九七〇年代的戰後世代與文化政治變遷》）

在背誦這種教科書與民族主義歷史文化論述下成長的我，自然而然認為自己是「堂堂正正的中國人」。一面對被塑造為「壓不扁的玫瑰」的抗日英雄楊逵景仰不已；心中卻也納悶：殖民時期的日本政府怎麼這樣寬大仁慈？竟然能允許臺灣青年宣傳抗日，並且承繼祖國五四精神、發揚新文化運動？

七〇年代末期臺灣社會已是騷動不安，仍在教科書與兩大報馴化之下的我，渾然無知，只會鸚鵡學舌般地為黨國辯護，不時與父親爆發衝突。我偷偷翻閱父親藏在暗櫃中的黨外雜誌，想要理解他的想法，但諸如「阮是開拓者，不是憨奴才」的標題與報導更添困惑，挑戰因長期被澆灌而僵固的腦袋。國族教育論述啟人疑竇、家庭與學校的衝突，讓我的青春期在認知混亂中拉鋸。直到一九八〇年二月二十八日的一場滅門血案當頭棒喝，心神震顫之下，同情與懷疑兩股力量交相激盪，黨國構築的銅牆鐵壁終於迸出裂縫，幾年之後土崩瓦解。

就如同今日對岸中國政府控制教育與資訊，塑造有利論述，以期黨國政權長治久安一般，昔日威權體制下的臺灣社會也是如此。臺灣歷史長期被忽略、被遮蔽，甚至成為禁忌。一九七〇年代內外在環境衝擊、民間反身探索，官方意識形態與文化機制自動發揮作用，以抽離背景脈絡的方式剪裁歷史，吻合黨國史觀的論述於焉登場。

然而，一九二〇年代日本在臺統治進入穩定期。已在帝國牢牢控制下的臺灣，為何會出現政治社會運動？又如何能夠不受殖民母國影響，卻與祖國關連？「臺灣新文化運動源自祖國五四運動」的說法，未面對臺灣是日本領土的事實，排除時代脈絡，突兀地強調臺灣人的「新文化運動」與祖國血脈相連。在官方容許下，楊逵成為抗日民族主義的活化石，日治時代生龍活虎的左翼色彩完全被抹拭。威權體制下，歷史是政治的奴婢，但蒼白無力的官樣文章，連思想貧瘠的學子也難以說服。

這些年少時期的困惑，成為日後學術研究的動力。我十分慶幸自己生逢其時，一九八〇年代末期臺灣歷經反對黨組成、解嚴與民主化，不需像先行者一樣付出血淚代價，就能享有自由思考探索的空間，能貼近自己生長的土地，梳理群體共同的過去，體會前人的憧憬、憤怒與哀愁。

本書是對一九二〇年代臺灣民主運動先行者們的致意。長久以來，他們曾經的努力與相關事蹟被政治力量掩蓋，社會大眾所知極為有限。全書以個人多年來的學術研究成果為基礎，希望透過淺顯的文字，以普及版型態呈現給讀者。

本書探討日治一九二〇年代到戰後初期臺灣人追求自由民主的歷程。這是臺灣歷史巨大變動的時代，東亞新崛起的日本帝國日益穩固，以精確統治技藝與強大效能進行殖民的同時，也讓臺灣人開了眼界、見識到近代西方文明，並開始反身思考自身處境。他們推動文化運動啟迪大眾，傳播近代文明價值；倡議社會運動進行社會改造；組織政黨、提出政綱，要求自由民主與平等參與。近代社會運動的倡議、宣傳、組織與運作模式在臺灣的土地上首次登場，自由主義、社會主義、共產主義等各種理論被探討應用，然而，就在與統治者周旋對抗的高峰，卻也陷入內部的左右路線鬥爭。一九三七年中日戰爭爆發壓縮了所有奮鬥、對抗與追求的可能空間，接著，一九四五年東亞秩序再次變動，新的統治者降臨，臺灣人憧憬的自由、民主、人權與自治，遭到嚴重打擊。

這短短三十年間，臺灣人經歷了幾個重要的課題：

一、如同所有殖民地的經驗所顯現，日本統治下殖民性（coloniality）與近代性（modernity）並存，臺灣人受殖民壓迫的同時，也受到近代性啟發。近代性的核心是相信人的理性能力、自覺與自主。臺灣知識分子從殖民者那邊學習，並巧妙地「以子之矛攻子之盾」，挪用近代文明價值，要求政治參與、自由與民主。

二、近代國家統治與政治社會動員兩相作用，加速了臺灣意識（Taiwanese consciousness）的形成，一九二〇年代「臺灣人」第一次在歷史上出現，成為共同體的自我命名。但是，是否因此出現以獨立為目標的臺灣民族主義（nationalism），卻不無疑問。臺灣人肯定日本的近代性、追求臺灣的本土性、卻也懷抱文化血緣的中國性，其政治認同顯然更為複雜。況且，在殖民體制下，主張臺灣獨立與回歸中國都是禁忌，「自治」（autonomy）成為主要選擇。

三、因為上述條件，二戰結束時，臺灣並不像許多殖民地一樣掀起獨立運動，反而接受割讓前的「祖國」前來占領統治。錯過獨立列車的臺灣人，懷抱去殖民（decolonization）的想像，希望新來的統治者平等對待，落實日治以來追求的高度自治，卻再次遭逢差別與壓迫，強烈感受祖國統治的再殖民（recolonization）情境。

自一九二〇年以來追求自由、民主、自治的臺灣人，積壓已久的不滿與憤怒，終於爆發為全島規模的反抗行動；但是，接踵而來的武力鎮壓讓人們付出慘痛代價，直到十多年後才有能力再起。

儘管如此，這一波民主運動仍然留下許多重要遺產，值得我們的共同體珍視、保存，並繼續追求。

首先，一九二〇年代是臺灣的啟蒙時代，因為日本帝國大正民主時期的特定時空，獲得前所未有自由開放的環境，透過殖民者為媒介，臺灣得與近代世界接軌。臺灣青年發現西方文明日新月異，日本帝國尚且在後苦苦追趕，臺灣可謂落在世界文明階序的最底層。因此，他們組成「臺灣文化協會」、推展文化運動，目標是充實知識水準、提高人民程度、提升臺灣文化。臺灣知識分子求知若渴，在此環境中努力涵養，熱烈學習所有文明知識，吸收各種主義思潮；他們複製與操演近代社會運動模式，並與各國反殖民運動攜手串連，展開國際合作；甚至，不時流露素樸的雄心壯志，追求「世界性的臺灣」，希望與世界連結、並貢獻於世界。

因為與中國五四運動脈絡大不相同，日治臺灣並未使用「新文化運動」這樣的語彙。中國自詡五千年優秀文化，不敵西方衝擊而失利，所以引進德先生與賽先生，推動新文化運動。臺灣知識分子則自省文化低落，必須急起直追，所以透過帝都東京為基地，引介各種知識與思潮，以提升臺灣文化。若說日治臺灣與五四運動有所關連，主要是留學北京的張我軍引進白話文，掀起新舊文學論戰。

戰後，日治知識分子遭受貶抑，成為無知無聲的一群。統治當局獨尊中華文化為正統、三民主義為真理，人民心智與視野嚴重萎縮。百年前的多元思想、國際視野、自我期許，如今安在？

其次，大正民主時期的臺灣知識分子，受西方哲學思想所吸引，對於精神文明高度重視。自《臺灣青年》創刊號，林呈祿就開宗明義指出：日本殖民當局喜於強調在臺的物質建設成果，但這只是跛腳的進步；人類是追求精神文明的動物，並非以物質生活滿足為唯一目標，否則與動物無異，擁有精神自由與高度文化是文明人與野蠻人差別所在。社會運動家們鑽研人文主義學說，闡述「自覺為人」、「為自由人」的重要性，鼓勵理性與獨立思考，養成自尊、自律與高尚人格，繼而追求自主、平等、尊嚴等價值。

在追求理性與智識的前提下，他們大力抨擊宗教迷信，指出其反智與落後性格，質疑日本統治當局之所以鼓勵縱容，無非是為了痲醉民心。

戰後統治當局與日治時期相類似，也標榜經濟成長發展，避談政治宰制與人權壓迫。黨外人士因此諷刺國民黨政府欲將人民豢養成耽溺物質滿足、不知思考、也不會反抗的「快樂的豬」。

在日治殖民與戰後威權長期箝制之下，臺灣社會形成嚴重的物質追逐與功利取向。民主化以來，政治人物與政黨並未以引領價值自我期許，仍然訴求「經濟發展」、「發大財」做為吸引選票的利器。近年來各地宮廟遭地方派系、黑道勢力把持，宗教活動變質，但政治人物不思改正，仍然從眾媚俗、競相拜廟為樂。對照之下，百年前臺灣知識分子的提示，格外振聾發聵。

再者，在那個識字率只有三．九%的年代，知識分子僅是臺灣社會中的極少數，但他們懷抱熱情，一意改造社會。在那個殖民政權威勢當道的年代，這些出生仕紳家庭為主的極少數人原本可以選擇夤緣求進、或可獨善其身，但他們不甘沉默挺身而出，甚至散盡家財、身繫囹圄、犧牲性命，只為造福同胞。一百年前這些先行者已開始構思臺灣社會的理想圖像，推動臺灣議會與平等參政權的政治解放、維護農民與工人利益的階級解放、及解構父權與社會制度的婦女解放等三大解放運動，並且為追求自由、平等、公義的臺灣，不惜付出代價。

漢娜・鄂蘭在《平凡的邪惡：艾希曼耶路撒冷大審紀實》書中說：「這些故事的啟示簡單易懂，從政治上來說，處於恐怖狀態下大多數人會選擇服從，但是有些人不會。從人性上來說，不需再多、或要求更多，就足以確保地球仍是適合人類居住的地方。」在嚴酷高壓的時代，少數人不計個人利害，勇於挺身對抗。雖然這一波民主運動遭到重擊，並未能達成改造臺灣社會的目標，但前人的勇氣與努力，足以讓我們產生信心，不致悲觀喪志。

日治時期的民主運動過程也提示我們，積極公共參與、為群體獻身是高貴的美德，是社會的珍貴資產，是推動時代進步的力量。這些為公共獻身的勇者，應該成為典範，被大眾所熟知，成為臺灣社會的共同記憶。

今日臺灣進入民主國家之列，實是來自前人的努力不懈。如何守護臺灣的民主體制鞏固不搖？前人追求的公義社會是否達成？是這一代人要面對的課題。馬基維利曾說，要維護羅馬共和體制不受侵蝕腐化，有賴「時時刻刻的警覺」（constant vigilance）。同樣的，臺灣自由民主體制的確保，也有賴於公民社會時時刻刻的警覺：警覺於權力使人腐化，警覺於民選政府的取悅與收買，更警覺於放棄思考、疏於監督，可能使民主崩壞、召喚一黨獨大再度降臨。這些，將成為這一代臺灣人的考驗。

第一章

帝都的洗禮

下村宏的招待宴

一九一九年三月，東京小石川植物園裡櫻花盛開，一片繽紛美景。幾百名臺灣留學生享用著臺灣總督府提供的豐盛餐點，也趁這機會共敘家常，場面十分熱鬧。臺灣總督府總務長官下村宏設宴招待東京的臺灣留學生，已經成為慣例；每年帝國議會開議，臺灣總督府官員須列席備詢，三月中旬會期接近尾聲時，便會順道招待臺灣留學生。

這天，下村宏總務長官除了慰勞留學生之餘，也端出帝國官員架子訓示一番，「你們臺灣學生應該感謝天皇恩澤，好好讀書，成為忠誠虔敬的帝國臣民。」突然有幾個學生站起來大聲嚷著：「反對差別待遇！」「反對同化政策！」下村宏先是一怔，接著臉色大變、大發雷霆。宴會草草結束，不歡而散。

這是臺灣留學生第一次公開挑戰總督府官員。這幾位學生是明治大學政治經濟科的彭華英、羅萬俥，與東京高等商業學校（一九二〇年改制為東京商科大學、今一橋大學）的吳三連。

過去，在日本的臺灣學生們都很低調、順從，他們對社會問題不太關心，甚至對政治運動刻意保持距離。因教會協助而來到東京女子醫專讀書的蔡阿信，就時時刻刻記得母親的叮嚀：「嘸通涉政治。」對比於中國留學生的救國運動、朝鮮學生的獨立運動，臺灣學生往往被嘲笑是「唯唯諾諾、屈從於日本統治下的傻瓜」！

這其實不能怪臺灣人。一八九五年領臺以來，日本帝國曾不斷面對臺灣人不斷的反抗，先是臺灣民主國，後有抗日游擊隊，還有原住民的反抗行動。這個東方新興帝國，以它的先進部隊與優勢武力一次又一次鎮壓了反抗行動。最近一次是一九一五年發生在臺南玉井的噍吧哖事件，臺灣總督府逮捕了一九五七人，光是被臨時簡易法庭判處死刑的就高達八六六人，過於苛酷的判決連日本帝國議會都大為震驚，在處死九十五人後，其餘改為無期徒刑。日本帝國在臺統治二十年後，基盤已經穩固，一次次武裝抵抗的慘痛代價，都說明了一件事：臺灣根本沒有武力反抗的空間了。

但是，現在情況開始改變。帝國首都東京提供給殖民地人民思想與行動的養分，殖民地人民的反抗運動正在改頭換面，並且是從帝都重新開始！

東亞文明中心東京

明治維新之後，日本帝國首都東京成為

留日時期的吳三連（財團法人吳三連台灣史料基金會收藏）

東亞文明中心，是亞洲各國改革運動的效法對象，清國、朝鮮、越南、暹羅、菲律賓、印度等國青年學子紛紛前來學習。一八八〇年清朝政府分批派遣留學生到日本學習，返國後從事改革，日後，這些留日學生先後成為中國社會的棟梁，例如黃興、魯迅、陳獨秀、陳寅恪曾就讀於弘文書院；汪精衛、居正、宋教仁、胡漢民曾是法政大學速成班的學生；張君勱、李大釗、彭湃等人則是早稻田大學留學生。

一八九五年以後成為日本帝國子民的臺灣人，也陸續前來帝都「朝聖」，初期以觀光、遊學為主。臺北大稻埕的茶葉富商李春生，曾經東遊日本六十四日，把所見所聞寫下，成為遊記《東遊六十四日隨筆》。他對日本的文明進步大為讚嘆，不但在旅次中剪去清國辮子「豬尾巴」，並改變早先對華夷秩序的看法，從此甘心做為一個進步國度的子民。

彭華英自一九一二年從南投鄉下來到東京求學，如今是他到帝都的第七個年頭，這時期的東京正面臨翻天覆地的巨變。一九一二年，雄才大略的明治天皇逝世，大正天皇繼位。大正天皇不只體弱，又患有腦病，常有奇怪的舉動。有一次在帝國議會開議儀式上，他竟將演講稿捲成圓筒當作望眼鏡，瞇起一眼作勢張望，此舉令在場外國使節、國會議員們登時傻眼。偏偏明治維新以來所累積的種種問題都在此時迸發，明治政府所建立的強大國家權力開始受到挑戰。大正天皇即位的此時，正是社會力量最蓬勃的時期，工人、農民走上街頭，環境保護、普選、婦女解放等各種運動熱烈展開，形成十多年的大正民主時期。

尤其，沉寂許久的日本社會主義運動又重新復甦。社會主義在明治初年剛剛萌芽時，幸德秋水、堺利彥、荒畑寒村等人為無產大眾發聲，明治政府害怕將危及天皇體制，泡製了一九一〇年的政治冤獄「大逆事件」，將幸德秋水等多人處死。此後社會主義團體銷聲匿跡，進入冬眠狀態。

然而，一九一八年富山縣的農民搶米暴動擴及全國，「困苦的農民已經活不下去了！」「米騷動事件」使社會主義運動找到生機，再度上場。

大學校園裡，青年學生敏銳地感受著各種思潮與運動，充滿社會改革熱情，最活躍的兩個學校是東京帝國大學與早稻田大學，年輕教授們甚至帶領學生一起行動。吉野作造曾經到中國、擔任過袁世凱之子袁克定的家庭教師，也曾留學歐美，學成歸國後在東京帝大任教，並在當時最重要的知識性刊物《中央公論》上發表文章，介紹西方民主理論、提倡自由主義、支持普選運動。大山郁夫、佐野學都是早稻田大學教授，他們倡議社會主義，對日本政府的批判更為激烈，並積極投入政治活動與群眾運動。教授們以身作則，提出政治主張，參與社會改造，吸引眾多青年學生們相繼追隨、實踐。

來自殖民地的彭華英是南投國姓人，一八九五年生，家境富裕。就讀於明治大學政治經濟科的他，呼吸著大正民主的自由空氣，抑制不住滿腔熱血，早已積極投入社會改造行動。彭華英與有名的社會主義者堺利彥、大杉榮、山川均等人接近，參加了「日本社會主義同盟」，這是米騷動事件後日本左翼人士大結合的組織，但是，不久就被官方下令解散。

加入這左翼團體的臺灣留學生不只一人。除了明治大學彭華英，還有明治大學的黃登洲、早稻田大學呂磐石的名字都在會員名簿上，他們都是臺中人。臺灣留學生竟然膽敢參加被日本特高警察嚴密監控的社團，顯示受到社會主義吸引的殖民地學生恐怕不在少數。

日本社會主義同盟被解散後，社會主義運動化整為零，成立多個祕密團體，彭華英仍舊活躍其中，加入其中好幾個組織。一九一九年十月成立的早稻田大學「建設者同盟」，主導者是政治經濟學部的和田巖。這團體與農民運動關係密切，除了早稻田大學的學生，也有外國學生參與。早稻田大學學生彭湃也加入這個團體，他後來成為中國共產黨中央委員。

一九二〇年五月成立的「曉民會」，由早稻田大學學生高津正道所領導，日後高津成為日本共產黨的創始會員。曉民會的宗旨是「研究並傳播社會主義，奧援啟蒙工作與爭議事件，養成鬥士」。同時，該會也接受朝鮮人、中國人會員，以實現「日、鮮、支國際主義」為一大特徵。除了臺灣人彭華英之外，還有中國人王樹聲、朝鮮人金若水、朴烈等人加入，他們自詡為「革命行動隊」，被官方認為是意識形態極左的團體。

彭華英另外也加入一九二〇年十一月成立的コスモ俱樂部。「コスモ」（COSMO）是「世界主義」（Cosmopolitan）的簡稱，以「亞洲諸民族解放」為目標，它可以說是被解散的日本社會主義同盟的替身，常以舉辦演講會的方式集會，俱樂部的主要成員堺利彥、大杉榮、山川均等都是社會主義領導分子，成員中還有中國、朝鮮、臺灣留學生。在日本特別高等警察眼中，這又是一個激進團體。

積極參與日本社會主義運動團體的彭華英，因此被日本警方列為「特別要視察人甲號」，受到特高警察長期跟監，但他卻是臺灣留學生們景仰的對象。當時在東京求學的張深切，形容常常前來學生宿舍的彭華英「朝氣蓬勃、鶴立雞群、叱吒風雲、一身是膽」。

一九二〇年八月，彭華英在《臺灣青年》發表了〈臺灣有婦女問題嗎〉（臺灣に婦人問題があるか）一文，指出婦女問題與勞工問題是當時社會最緊要的議題，但東洋社會，尤其是臺灣，仍未脫陋習，兩性關係大有改進之必要。一九二一年五月又發表〈社會主義之概說〉，介紹俄國革命成功以來，社會主義在世界各國的發展、社會主義的精神與目標、國家社會主義的衰退與共產主義的興起。這是最早由臺灣人所執筆、介紹社會主義的作品。彭華英正是前南投縣長彭百顯的大伯公。

高砂寮、新民會、東京臺灣青年會

彭華英常常來到高砂寮，因為受到大正民主衝擊，亟思有所作為。其他留學生如范本梁、林呈祿、蔡培火、羅萬俥、陳炘、黃呈聰、蔡式穀，社會人士林獻堂、蔡惠如等人，也都常常來到高砂寮，藉著與留學生聚會、舉辦演講活動的機會，對年輕子弟進行「政治啟蒙」。

高砂寮是東洋協會所管理的學生宿舍。一八九八年第二任臺灣總督桂太郎號召在臺灣的日本官僚、實業家、商人等名人，創立臺灣協會，目的在協助日本政府經營殖民地臺灣，一九〇六年改名為東洋協會。臺灣協會在一九〇〇年設立了臺灣協會學校，後來稱為東洋協會專門學校，培養未來臺灣的統治人才，比較校址位於小石川區茗荷谷町，與臺灣總督府官員宴請留學生的小石川植物園很近。

日本政府統治初期，臺灣島內只有初等教育或職業教育設施，缺乏中等教育與高等教育機構。職業教育機構「總督府醫學校」與「總督府國語學校」是當時臺灣最高學府。所有殖民地菁英人才的最好出路，就是選擇擔任醫師或教師。所以總督府醫學校與國語學校，被稱為是「臺灣的劍橋與牛津」。

殖民地人民長期受到日本統治者的歧視與差別待遇，心中不平。但是，第四任民政長官後藤新平在對臺灣最優秀的醫學校學生演講時，甚至這樣說：

你們本島人想要求與三千年來盡忠於皇國的母國人民享有同等待遇，是不可能的！應該以今後八十年為期，努力同化於母國人，在此之前即使被差別對待，也毋須做不平之鳴，應該各自努力同化，做為島民的典範！

由於臺灣升學管道狹窄，與臺灣人與日本人子弟機會不等，有錢人、有能力者紛紛到日本留學。早先，能夠到日本留學的以富家子弟為主，通常是日本師長或官員推薦、介紹，寄宿在師長安排的名士家中。例如日治時期的知名人權律師陳逸松在十三歲時，與表兄弟五人

高砂寮（《拓殖大學百年史：大正編》）

寄宿在岡山的高原家。霧峰林家各房，子弟十多人在小小年紀就到日本東京，由專人照顧生活起居，一同入東京礫川小學校就讀。

隨著留學生快速增加，與臺灣總督府關係密切的東洋協會於是在一九一二年建造了留學生宿舍「高砂寮」，提供約六十名學生寄宿。十六歲赴日的楊肇嘉、十六歲的張深切、十八歲的朱昭陽，都曾先後寄宿在高砂寮。楊肇嘉後來領導臺灣地方自治聯盟，張深切成為文藝家，朱昭陽則創辦了臺北市私立延平中學。畫家張秋海、雕刻家黃土水也曾在高砂寮寄宿過，那時他們都還只是留日學習美術的學生。

高砂寮表面上是便利學生寄宿，私底下不免也有監視、規訓臺灣留學生的作用。曾受後藤新平之邀到臺灣進行糖業政策改良的新渡戶稻造，一九一五年七月二十日以東京帝國大學法科教授的身分到高砂寮對臺灣學生演講，講題是〈為了臺灣學生〉：

> 小時候我聽說臺灣是個恐怖的地方，住著會吃人的野蠻人。各位一定都聽過桃太郎的故事，桃太郎征討的目的地是「鬼島」，語言不通、文明未開之地即是鬼島，以前是八丈島、沖繩島，後來是臺灣島。曾經是鬼島的臺灣，經過日本帝國的開發，經過後藤新平長官的大力改造，已經成為帝國的寶庫！各位，為了三百萬臺灣同胞，為了臺灣的進步

發展，各位應該精進知識、圖謀向上。（改寫自新渡戶稻造，〈臺灣學生の為めに〉演講詞）

「在日本人眼中，臺灣竟然是個鬼島？」

「臺灣從鬼島變成寶庫？竟然要我們感謝殖民者的開發改造？」

「此刻我臺灣同胞豈不正受著殖民統治的壓迫嗎？」

在場聽講的學生感到很不是滋味。

正當此時，日本內地勞工大眾、貧苦農民都群起抗爭，社會運動已是澎湃洶湧。受到思潮與運動的影響，臺灣來的青年學生們不免胸懷激盪，常在宿舍

臺灣學生在高砂寮前合影（《文化協會在臺南》）

裡談論時事、進行政治辯論。一九二〇年寄宿在高砂寮的張深切回憶說：

臺灣的留學生一到東京，大抵由其學校的位置而分散，高砂寮是留學生最集中的地方，凡到東京的學生，無論時間長短，總有一兩次到這裡來寄足一下。所以這裡可以說是學生運動的最好去處，也可以說是臺灣文化運動的搖籃。

臺灣學生漸多之後，東京臺灣青年會也跟著成立，目標是「涵養愛鄉情懷，發揮自覺精神，促進臺灣文化之開展」。其間，又先後組成了團體「聲應會」、「啟發會」，但活動甚為疲弱，最後無疾而終，直到蔡惠如組成立了「新民會」。

幕後推手蔡惠如

蔡惠如，一八八一年出生於臺中清水蔡家，蔡家在地方上頗具經濟實力，他也被官方籠絡為臺中區長。但蔡惠如對日本統治感到不滿，尤其是一九一五年參加同化會後，受到臺中廳警務課長荒卷鐵之助警告：「你身為區長，竟擅離職守，參加組織，以後小心點，否則絕不寬貸！」他不禁想到，連日本自由民權運動元勳板垣退助所發起的同化會，都被總督府下令取締而解散，殖民地人民豈非置身樊籠一般？心中鬱卒之餘，於是變賣家產到福州經營漁業生意。以今日的眼光來看，蔡惠如這樣的人可以說是日本時代的第一代臺商。

蔡惠如的三位公子炳曜、敦曜與珍曜都在東京留學，他本人則頻繁往返於臺灣、上海、東京之間，留學生們透過他獲得祖國的各種情報，加上他為人豪邁果決，相當受到擁戴。一九二〇年元旦，蔡惠如到林呈祿在神田的家中拜年，問起啟發會的情況，林呈祿說，因財務問題陷於癱瘓。

「那怎麼行？」蔡惠如拍拍胸脯，表示會想辦法。

新民會合照，二排左二起為林呈祿、黃呈聰、蔡惠如、林獻堂，右二蔡式穀，後排右三蔡培火。（《蔡式穀行迹錄》）

果然，過了幾天，蔡惠如邀集前啟發會會員十一人開會，旋即於一月十一日在東京澀谷自宅創立了新民會。創立大會當天，蔡惠如被推舉為會長，但他一再謙辭，認為林獻堂方有能力領導大家。新民會的宗旨是「考究臺灣所有應予革新之事項，圖謀臺灣文化之向上」，實際上則與東京臺灣青年會一裡一表，共同推動臺灣議會設置請願運動，成為東京留學生最重要的政治運動指導團體。

新民會會長林獻堂、副會長蔡惠如，幹事是黃呈聰與蔡式穀，會員約有百名餘名，其中以明治大學學生最多，包括林呈祿、彭華英、羅萬俥、蔡先於、鄭松筠、黃旺成、郭國基、林濟川、莊垂勝等。其次則是早稻田大學的王敏川、黃周、林仲澍、呂磐石、王金海、施至善、吳蘅秋等人。另有中央大學的蘇維梁；東京商科大學的吳三連、蔡珍曜、陳崑樹；東京帝國大學的劉明朝、蔡伯汾、林攀龍；慶應大學的陳炘；東京高師的蔡培火、謝春木；專修大學的蔡敦曜等等。這些人雖然只占當時臺灣留學生的一成不到，日後卻都成為臺灣各領域的領導人才。

在新民會與臺灣青年會指揮下，青年學生們開始組織化。一九二一年三月，總務長官下村宏再次設宴於小石川植物園，備好數百份的西餐要招待留學生，等了半天，竟然無一人出席，場面極為尷尬，留學生們稱為「罷食事件」。原來，這年東京留學生首次展開臺灣議會設置請願運動，日本帝國議會以「請願不成立」拒絕，留學生們大為憤慨，加上下村宏在帝國議會的發言引起反感，臺灣留學生因此決定「有所表示」。

高砂寮、東京臺灣青年會、新民會等團體連成一氣，開始了反抗運動，臺灣總督府當局怎會不清楚？一九二三年十二月東京大地震，高砂寮也受損害，臺灣總督府募款建造新寮，一九二五年二月完工後，卻不讓學生遷入，東京臺灣青年會多次請願未果，終於在九月發動「占領新寮行動」，官方則宣告「關閉高砂寮」，學生示威抗議，雙方一度僵持。東京臺灣留學生已然覺醒，行動一次比一次更有力。

蔡惠如獲得留學生的愛戴，主要在於他的慷慨大度。新民會創立大會上，林仲澍、彭華英建議應該創辦機關刊物，眾人都點頭呼應，但是經費沒著落，雜誌一直停留在構想階段。這年三月，蔡惠如將往北京，留學生們到東京火車站為他送別，臨行前，他悄悄掏出一千五百日圓，塞給林呈祿。

「這些錢你們拿去辦雜誌，就算是

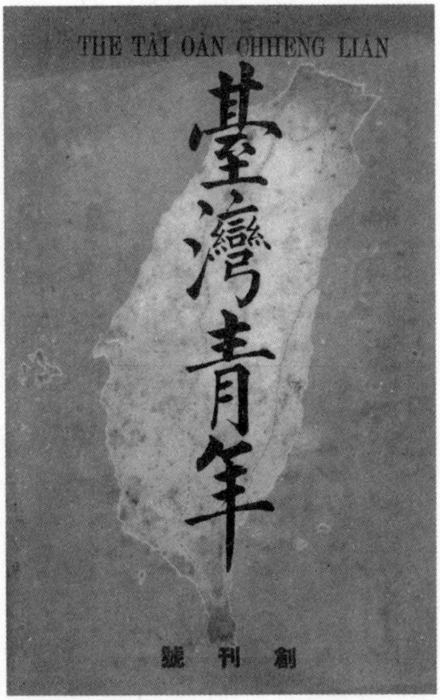

《臺灣青年》創刊號

只發行一、兩期，也要實行！」

事實上，此刻他在中國的事業已因經營不善，虧損連連，經濟上面臨捉襟見肘的窘狀。但是，對於挹注運動經費，他卻是毫不遲疑。

一九二〇年七月，第一本臺灣人的雜誌《臺灣青年》正式創刊，蔡惠如提供經費，居功厥偉。

為臺灣人政治運動慷慨捐輸的蔡惠如，後來因治警事件曾坐牢三個月，留下「喜民心漸醒，痛苦何妨」、「居虎口自雍容，眠食亦如常」的獄中詩。戰後，國民黨政府統治下，清水蔡家也屢屢遭受政治案件迫害，蔡惠如的孫子蔡意誠因白色恐怖服刑近二十四年；親族蔡綉鸞婚配雲林廖家長子廖溫仁，因為有個在日本從事臺獨運動的小叔廖文毅（溫義），蔡綉鸞與兒子廖史豪都被關入政治黑牢。從日治到戰後，統治者對待臺灣人的反抗運動如出一轍、決不寬貸。

與東亞弱小民族攜手合作

一九二一年六月二十四日傍晚六點鐘，コスモ俱樂部在神田區的ＹＭＣＡ青年會館舉辦題為「人類愛的結合」演講會。朝鮮、中國、臺灣學生情緒激昂，彭華英、范本梁上臺發言，公然高呼「臺灣解放！」，當場被臨監的警察下令中止。這是俱樂部的演講會第一次被解散。此後，彭華英等人受到日本特高警察嚴密監視，這年七月彭華英自明治大學畢業後，就與蔡惠如一起到了上海。

彭、蔡二人關注一次大戰後華盛頓會議召開與動向，探索臺灣解放的機會。他們多次與菲律賓、印度、朝鮮民族運動者在上海大東旅館開會，計劃派遣遠東弱小民族代表前往華盛頓會議請願，要求殖民地獨立。但七月二十四日、三十一日、八月十八日，幾次會議下來，意見一直無法整合。

「朝鮮是獨立國家，與臺灣不同！」朝鮮代表這麼說。

「應該將臺灣歸還中國！」中國代表如此主張。

「不！不！我們臺灣人希望能如比利時一樣，獨立成為永久中立國！」彭華英一再堅持。比利時於一八三〇年自荷蘭統治下獨立，奉行永久中立政策。彭華英主張臺灣以比利時為仿效對象，以取得和平獨立。但比利時在兩次世界大戰都被德國占領，二次大戰後放棄中立政策，加入北大西洋公約組織。

因為中國、臺灣、朝鮮各弱小民族代表的祕密會議缺乏共識，最後只有朝鮮人派出代表前往請願。但是戰後忙著重新劃分勢力的大國們，終究沒有理會這些弱小民族的呼聲。

這不是彭華英初次從事跨國解放運動。早在一九一五年秋天，彭華英就與中國人黃介民、朝鮮人金鐵洙等人組成了「新亞同盟黨」，該黨目的在反對日本帝國主義，意圖透過殖民地臺灣與朝鮮、半殖民地中國之間的合作，追求民族解放，實現亞洲和平。這應該是最早成立的中國、朝鮮、臺灣之間跨國合作的解放團體。

文明進步的帝都東京吸引了眾多臺灣、朝鮮的殖民地青年前來學習，同時還有亞洲各國如中國、越南、菲律賓等留學生聚集於此。一九二〇年代的日本，種種解放運動風起雲湧，各國青年學生不分彼此、相互攜手，並與日本的社會運動團體互通聲息，形成「弱者聯盟」、「弱小民族聯盟」。

范本梁來自臺灣嘉義，也有類似的國際聯合運動經驗。他比彭華英稍晚，於一九一五年赴日本求學，一九二〇年進入上智大學，因為仰慕日本無政府主義者大杉榮，與之接近而成為無政府主義者。他也參與コスモ俱樂部的活動，一九二一年六月該俱樂部在神田青年會館舉辦的演講會上，因為發表激烈演說，被警方命令演講中止，並予拘留。後來，他也像彭華英一樣，逃亡中國。

當時無政府主義在國際間大為流行，中國知識分子甚為著迷。無政府主義思想一支從東京傳來，另有一支從法國傳來。知識分子分別組成許多團體，光是北京大學的無政府主義運動勢力就很驚人，包括校長蔡元培、教授李石曾、吳稚暉都是信仰者。又如景梅九等人所組織的「北京安社」，成員一百九十多人。所謂「安社」，即是安那其主義（Anarchism）的簡稱。

一九二二年八月范本梁逃離東京，來到北京，在北京大學哲學系旁聽，與當地無政府主義者往來，參與思想運動，並與臺中出身的關錦輝、謝廉清、謝文達等人密切互動。他加入北京安社，與中國無政府主義者羅豁（羅志道）也有深交，一九二四年七月，又與留學北京的臺灣人許地山等人組成「新臺灣安社」，出刊機關雜誌《新臺灣》。這是臺灣人無政府主義運動的開端。

來到中國的彭華英依舊熱衷於跨國解放運動。一九二四年三月，他與蔡惠如長子蔡炳曜等數名臺灣青年，中國社會主義者羅豁、朝鮮獨立運動者呂運亨、尹滋英等人組成「平社」。五月，組成「臺灣自治協會」，六月又成立「臺韓同志會」。以革命者身分活躍於中國的彭華英，在日本官方情報中被描述為「居住於上海與北京，持續過著放浪的生活」。

《亞細亞公論》創刊號

除了彭華英、范本梁等臺灣留學生與左翼人士攜手合作之外，另有一派臺灣留學生也尋求與朝鮮留學生合作，他們是蔡培火、黃呈聰、王敏川。這些人以朝鮮人柳壽泉所創辦的《亞細亞公論》做為平臺，相互聲援。

《亞細亞公論》月刊於一九二二年五月創刊，共發行了九期。該刊同時使用了日本語、朝鮮語及中國語三種語言，封面上並標示了「人類主義」做為其宗旨，是極具突破性的刊物。它不只是朝鮮人的刊物，可以說是亞洲各殖民地、半殖民地知識分子的共同發聲場所，如流亡於日本的印度知識分子布修（Rash Behari Bose）；中國人戴季陶、湯鶴逸、張昌言；臺灣人蔡培火、黃呈聰、王敏川等等，都在該刊上發表文章。透過《亞細亞公論》，可以看到二〇年代亞洲殖民地青年的相互奧援、跨國合作的縮影。

大正民主時期的青年政治運動具有國際聯合性格，尤其是社會主義、左派運動強調國際主義，吸引各國青年相互攜手合作。在東京的臺灣青年，不論左派、右派，都順應這股潮流，努力結交各國人士，擴大合作對象，爭取殖民地解放的機會。一九二〇年代反殖民運動中，臺灣青年與東亞各國進步青年的跨國合作、相互聲援的程度超乎想像。

受到帝都的洗禮、時代思潮的啟發，以及反殖民地運動的刺激，來自殖民地臺灣的青年們不願再默默忍受，他們要開始發出自己的聲音。

第二章

抵抗的策略

六三法撤廢運動

一九二〇年十一月二十八日，新民會留學生二百多人聚集在東京麴町區富士見町教會，討論如何改善殖民地臺灣人民的處境。現場氣氛熱烈，講壇上豎著「撤廢六三法」的旗子，蔡培火等人主張：「給我們自治權」、「撤廢六三法」；也有人提議「到帝國議會及臺灣總督府東京辦事處示威遊行」，人人情緒高張。

但明治大學畢業生林呈祿有異議：

「一旦撤廢《六三法》，等於同意帝國議會的法律在臺灣施行」，「這豈不是放棄臺灣特殊性，贊同總督府的內地延長主義？」

所言有理，會場議論紛紛。當天因為眾人意見不一，未能做成結論而散會。

受到大正民主的鼓舞，臺灣留學生愈來愈關心政治。林獻堂每次到東京探視在此求學的林家子弟，也都會設宴招待留學生，席上大家談的都是政治。像這樣的會議已經召開過幾次。一九一八年夏天，林獻堂在東京神保町中華第一樓宴請臺灣留學生。

「為了臺灣，我們當如何努力？」林獻堂問。

有的人主張「殖民地自治」，有的人認為應該「回歸祖國」，議論莫衷一是。

「《六三法》是臺灣人的枷鎖，臺灣統治的萬惡之源，因為《六三法》，臺灣總督統攬了所有大權，成了『土皇帝』，我們應該快快把它撤廢！我建議發起運動，馬上行動！」施家本慷慨激昂地說，他是鹿港人、林獻堂的祕書。眾人積極附和，當場成立了「六三法撤廢期成同盟」，推舉林獻堂為會長。

這《六三法》撤廢運動，原本是在臺日本人所提出的主張。早在日本統治初期，小林勝民等人反對總督府大權獨攬，因為依據《六三法》發布違反人權的律令，在臺日本人的權益失去保障，因此向中央政界進行撤廢《六三法》遊說活動。另外，日本人律師伊藤政重、《拓殖新聞》編輯久我懋正等人也對臺灣總督專權表示反感，他們與林獻堂頗有往來，鼓勵臺灣人發動輿論撤廢《六三法》。伊藤政重因此遭總督府驅逐出境。原來，這《六三法》竟是在臺日本人都無法忍受的惡法！

朝鮮的啟示

就在臺灣留學生們討論如何改善處境的這當頭，同樣被殖民的朝鮮人，率先採取了行動。

一九一九年一月朝鮮國王高宗逝世，預定於三月三日舉行葬禮。可憐的高宗，即位以來正是朝鮮政局最混亂、危殆的時刻。面對日本的野心，高宗的王妃閔妃極力反擊，卻遭暗殺，追謚明成皇后。一九一〇年朝鮮王朝終於抵擋不住，被日本強行併吞，高宗成了魁儡國王，如今猝死，民間傳言紛紛，說是被日本朝鮮總督下毒而死。

三月一日，首爾市中心出現群眾大會，三十三位朝鮮獨立運動人士發表「獨立宣言」，成千上萬民眾熱烈響應，高喊「朝鮮獨立萬歲」口號，並舉行大規模遊行，平壤等城市也同步發動示威，獨立運動遍及朝鮮各地，共有二百萬人參加了示威活動。這是朝鮮被日本併吞以來最大規模的群眾運動，史稱「三一獨立運動」，或「朝鮮萬歲事件」。

朝鮮總督毫不遲疑地採取了血腥鎮壓手段，大批憲兵、警察出動，逮捕、殺害示威群眾，從三月到五月，各地衝突不斷。朝鮮總督府愈是鎮壓，反抗事件愈是在各地蔓延。據日本官方所發布的數字，事件過程中被日本軍隊殺害的朝鮮人有七九〇九人，受傷者約一萬六千人，更有超過兩萬人被捕入獄。朝鮮人為追求獨立，付出慘烈的代價，最終仍舊被殖民當局殘酷地壓制下來。

看著日本報紙前所未見地大幅報導朝鮮問題，同樣是殖民地的臺灣青年，既覺驚心、又感難過。萬歲事件喚起臺灣人的恐怖記憶，早年臺灣的武裝反抗運動不說，一九一五年噍吧哖事件的大逮捕與處刑，記憶猶新。

「臺灣要像朝鮮一樣追求獨立，付出血的代價嗎？」臺灣留學生們如此自問。

三一獨立事件後不久，親日派的「朝鮮國民協會」會長閔元植提出完全相反的主張，力倡朝鮮人徹底同化為日本人，進而獲得與日本人一樣的國民權利。一九二〇年七月，閔元植帶著六百多人連署的請願書，首次向日本帝國議會展開請願行動，他希望爭取朝鮮人的參政權，呼籲實施「眾議院議員選舉辦法」，在朝鮮選出帝國議會代表。閔元植提倡的「新日本主義」，主張從政治、教育、思想、宗教各方面多管齊下，三十年內使朝鮮人完全同化，改變成為表裡一致的日本人。

但是，第二年二月當閔元植帶著三千多人的連署再度前往帝國議會請願時，卻在東京車站飯店被刺殺身亡，凶手正是主張獨立的朝鮮青年。主張同化主義的朝鮮人遭到自己同胞刺殺。

「撤廢《六三法》接受帝國法律，不就是贊成同化主義嗎？」臺灣留學生感到困惑。

臺灣留學生面對著兩難的問題：若想要限制總督專制，必須撤廢《六三法》，但如此一來就得適用帝國議會通過的法律；但適用帝國議會法律，就是承認內地延長主義，等於接受了同化主義。臺灣青年們既反對《六三法》所代表的總督獨大，也反對適用帝國法律的同化主義。到底有什麼辦法才可以不受總督壓迫、又保持臺灣特殊性而兩者兼得呢？

林呈祿的第三條路

林呈祿，桃園竹圍人，生於一八九〇年，明治大學法科畢業。父親林振威原本是林本源家族田園產業的收租總管，日本領臺第二年進剿桃園抗日軍，與次子都遭殺害，家宅也被焚毀。多虧母親帶著孩子們逃到廈門鼓浪嶼避難，林呈祿方能逃過一劫，每每想起此事，他的胸中就隱隱作痛，不能原諒日本政府的殘暴。

南崁公學校畢業後，林呈祿考入總督府國語學校國語部，一九〇九年以第一名成績通過總督府普通文官考試，擔任臺北地方法院書記官，後來成為統計主任。但他不以此為滿足，一九一四年辭去法院工作，以函授講義自修法律，順利考上明治大學法科。林呈祿曾一度想要脫離日本統治，返回祖國發展，他任職法院時有機會認識湖南省長譚延闓參謀蕭仲祁，明治大學畢業後，應湖南省政府之聘到長沙任教職。但是，複雜的中國政治與官場文化令他無法久留，於是返回東京，準備司法官考試。

在大學讀書時，林呈祿就對殖民政策學特別感興趣，親近明治大學的泉哲教授，更心儀京都大學的山本美越乃教授，對他們的著作都深入研讀。而時代潮流洶湧翻捲，一步步把他推向風尖浪頭上。

一九二〇年十二月十五日出版的《臺灣青年》第五號，林呈祿發表了〈六三問題的歸著點〉，他寫道：

> 臺灣總督的委任立法權早晚得廢止，而在臺灣施行帝國議會通過的法律。並且，將來由臺灣住民選出代表，出席帝國議會，也只是時間的問題。以上這樣的見解，是以帝國憲法施行於臺灣為前提所獲得理論上的結論。
>
> 但當今帝國的統治方針，是依據實際上的考慮而制定。因為臺灣的三百四十萬漢民族有悠久的歷史、特殊的民情風俗、固有的思想文化，是否能與內地的大和民族用同一制度統治，不無疑問。將帝國議會所制定的法律施行於臺灣，這種忽視殖民地特殊性的做法，並不是最好的殖民地統治政策。（改寫自林呈祿，〈六三問題の歸著點〉）

來自殖民地的青年林呈祿，對母國的殖民政策學特別感興趣，他一面批評日本的統治政策，一面將在東京所學到的近代文明知識，反身要求於殖民母國。

剛剛成立的國際聯盟揭櫫「謀求殖民地人民福祉是文明發達國家之神聖使命」原則，這是文明發達國家的崇高目標。日本帝國政府以同化主義壓迫殖民地，違反國際聯盟的原則。

同樣是殖民統治，英國對澳洲、加拿大的統治，美國對菲律賓的統治，所採取的殖民地自治主義，才是最進步、最理想的制度。相反的，法國統治阿爾及利亞、越南，德國合併法屬阿爾薩斯與洛林兩省，俄羅斯統治烏克蘭，以高壓手段強制施行同化政策，反而刺激殖民地人民的反感，群起反抗，甚至激發人們的獨立意志，最後終將喪失這些領土。文明先進的殖民帝國如英國，在殖民地設置民選議會，是最進步的殖民統治方式。日本帝國要成為一個文明的國家，應該讓臺灣設立民選代議機關，施行特別立法。（改寫自林呈祿，〈六三問題の歸著點〉）

他標舉殖民先進國家採取的殖民地自治主義，反對落後的同化主義。文章最後，提出臺灣統治的可行方向：

簡而言之，六三法問題的歸結，從理論面來說，廢除特別統治、將帝國法律適用於臺灣，是必然道理。但，從實際面考慮，讓臺灣設置特別代議機關，殖民地自治，才是最好的辦法。（改寫自林呈祿，〈六三問題の歸著點〉）

這位殖民地之子，充分運用他在母國所學的知識，提出不同以往的思考模式——強化殖民地的參政權，由殖民地人民選出代表、組成議會，掌握預算與立法權，用以制衡總督的行政權。如此一來，不但可以改善總督大權獨攬的弊病，也可以彰顯臺灣的特殊性，並符合國際間殖民地自治潮流。

林呈祿提出的臺灣議會設置請願運動，成為殖民地人民在獨立與同化之外的第三種選擇，而〈六三問題的歸著點〉這篇論文為臺灣的反殖民政治運動確立了新方向，也為日後臺灣議會請願運動提供理論基礎。

經過各種路線反覆爭論後，一九二〇年底，新民會成員們在神田區神保町的《臺灣青年》雜誌社開會，「撤廢六三法派」與「設置臺灣議會派」再次論辯，林獻堂聆聽兩派陳述主張之後，拍板定案，決定以臺灣議會設置請願運動為共同努力的目標。

一九二一年一月臺灣議會設置請願運動正式展開，此後持續十四年之久，向日本帝國議會提出了十五次請願，請願運動的重要文件均出自林呈祿之手，稱他為議會請願運動的頭號理論家，可說是名符其實。

擅長為文論述的林呈祿，也擔任臺灣人的報紙《臺灣青年》、《臺灣民報》、《臺灣新民報》一系列報刊的編輯或主筆，一直到日本統治結束，二十多年主持筆政，從未間斷，參與臺灣人創辦的新聞事業頗深。

霧峰林家三少爺

政治運動要可長可久，除了標舉訴求之外，最重要是充沛的金錢奧援。林獻堂正是議會請願運動的最大金主，這位霧峰林家三少爺，原本可以錦衣玉食、優雅閑適地過完一生，但他選擇了一條艱苦卻多采的道路。

一八九五年臺灣割讓時，林獻堂才十四歲，在烽火變亂的時代，小小年紀被畀予重任，帶領家族四十餘人渡海，返回福建泉州觀望，直到局面安定才回臺。由於霧峰林家大房林季商移居中國不歸，十九歲的林獻堂擔負起家族事業、對外代表等角色，愈發少年老成。

歷經變亂的林獻堂，對祖國割讓時感痛楚。一九〇七年，聽說清國維新派梁啟超流亡於日本，特往橫濱《新民叢報》報館求見，未果。回到奈良旅館時，暮色已濃，細雨霏霏，正當祕書甘得中翻閱住宿登記簿時，發現有三位中國客人，其中一位登記為《新民叢報》發行人陳某，乃請女中持名片往問，是否識得梁任公，希望一識；哪知此人竟答「我即梁啟超」，並邀請入座相談，雙方以筆談溝通：

「我們臺灣人在異族統治下，政治、經濟、法律、教育都受差別待遇，處境如此，如何是好？」林獻堂問。

「三十年內，中國絕無能力營救，可效法愛爾蘭人之抗英。愛爾蘭人初期以暴動反抗，終被英國軍隊壓制無一倖免；後來則獲得參政權，在英國國會取得席次，結交英國朝野，以國會少數取得左右政局之勢，不妨效法之。」梁啟超回答。

不只梁啟超這樣想，一九一三年甘得中獲林獻堂資助留學東京，經板垣退助介紹，識得中國革命黨人戴季陶，痛陳臺灣人處境。戴季陶回答：「袁世凱竊國，祖國無暇他顧，十年內無力幫助臺人。你們與革命黨人往來，將受日本政府壓迫，未蒙其利先受其害。不如結交日本中央政要，取得同情，牽制臺灣總督府，或可減少臺胞痛苦。」中國維新黨與革命黨兩位要人對臺灣問題的看法，竟然不謀而合：中國無力救臺，臺人必須結交日本政要以謀自救，這對於林獻堂有所啟發。

一九一四年林獻堂利用日本明治元勳板垣退助來臺組織臺灣同化會的機會，想要改善臺灣人的地位，遭臺灣總督府以「妨害公安」名義將該會解散。他又號召中部為主的地主資產家二〇四人捐款，爭取臺灣人的教育權，一九一五年設立了臺灣人第一個中學校「臺中中學校」。林獻堂在公領域的投入，逐漸累積起聲望，也因此在東京留學生的政治運動中取得一言九鼎的地位。

林獻堂對公共事務毫不吝嗇，大力捐輸，是日本時代臺灣政治運動最重要的資金來源。他身為地主，主要收入來自租穀，每年收入約一萬石，每石穀價約五圓，換算每年收入約五萬圓；扣除稅金及各種寄附，大約還有四萬圓。林獻堂每年為臺灣議會請願運動捐出的資金約有一萬五、六千圓之譜，加上邀宴、遊說、應酬，合計不下二萬圓，也就是說，每年的政治捐獻大約占他實際收入的半數。

不僅如此，左右各路政治社會運動同志經濟拮据時，也常常向他求助。雖然，社會主義、農民運動等左翼人士，經常在公開場合不客氣地批判林獻堂是地主資產階級，思想保守、行動退縮，但是一旦阮囊羞澀，卻又不時向他開口。林獻堂日記中記載著各種運動路線同志或因公、或由私地向他要求金援，他也幾乎是來者不拒地盡可能滿足各路同志們的需求。

日本政府非常清楚林獻堂在政治社會運動中的金主角色，所以想盡辦法要他從運動中退出。主張溫和路線的林獻堂，並非反抗運動中衝鋒陷陣的戰將，但他面對總督府的威脅、家族事業的榮枯、運動同志的懷疑等多重壓力，卻能始終堅持。

在政治路線上，林獻堂並未依循梁啟超所建議，提倡加入日本帝國議會參政，反而另闢蹊徑，支持林呈祿的臺灣議會主張，一生推動臺灣自治，奉行不渝。

「給臺灣人議會吧！」

一九二三年二月十一日，蔣渭水、蔡培火、陳逢源所率領的臺灣議會設置請願團抵達東京車站，數百名臺灣留學生聚集歡迎，他們豎起「歡迎臺灣議會設置請願運動代表團」大旗，人人手上搖著「自由」、「平等」、「臺灣議會」的小旗子，合唱〈臺灣議會請願歌〉，高喊「萬歲」，令進出車站的旅客大為側目。

隨後請願代表們分乘七輛汽車，沿途散布五色傳單，駛入東京牛込區若松町的臺灣雜誌社。

這時候，天空中忽地引擎聲隆隆作響，成千上萬的紙片像雪花一般落下。原來是臺灣青年飛行家謝文達駕著小飛機在東京上空，向市區灑下二十萬張臺灣議會設置請願運動的傳單，傳單上寫著：

臺灣議會設置請願委員來了！

臺灣人呻吟於專制政治下已三十年！
總督獨裁是立憲國日本之恥！
給臺灣人議會吧！
給臺灣人特別參政權！
切望朝野賢明人士聲援支持！

這是第三回臺灣議會設置請願。因為不久前蔣渭水等人在臺灣成立的「臺灣議會期成同盟會」被總督府勒令禁止，留學生們得知消息後大為憤慨，認為應該更熱烈表達對請願運動的支持。因此，林呈祿由東京馳赴神戶碼頭迎接請願代表一行入京，留學生們大舉動員，並別出心裁地設計出搖旗吶喊的場面。

謝文達是臺中豐原人，出生於一九〇一年，是臺灣第一個飛行家。因為熱愛飛行，自臺中中學（今臺中一中）畢業後，就到日本千葉縣的伊藤飛行學校就讀。一九二〇年他駕著座機「新高號」在日本飛行協會舉辦的競技大賽獲得第三名，成為臺灣之光，豐原老家為之震動。這年十月，他返回家鄉，分別在臺中與臺北做了兩次飛行表演，騰雲駕霧、鑽天入地的英姿，風靡全臺。臺灣各界因此為他發起募款，購置新機，命名為「臺北號」。

身受同胞愛護的謝文達，怎麼能對臺灣議會這等大事置身事外呢？所以，他駕著「臺北號」馳騁東京上空，灑下傳單，為家鄉盡力。但也因此，他無法繼續留在東京。

於是，謝文達潛回中國另謀出路。他曾到東北長春尋求發展，投效北洋系馮玉祥的國民軍，也曾在廣州國民政府航空學校擔任教官，戰爭時期進入汪精衛政權工作。謝文達幾度因為被懷疑是共產黨、或是日本間諜而下獄，雖然最終化險為夷，但在殖民母國與祖國的夾縫下，時時危機四伏。戰後幸而未被以漢奸治罪，默默以終。

這次請願成為後來運動的運作模式，東京車站前的歡迎隊伍一次比一次壯大，標語一次比一次激烈，「解放」、「埋葬臺灣總督」、

臺灣議會設置請願運動代表團合影

「打倒暴政」、「排擊獨裁專制」等等，紛紛出籠。接著，重頭戲是向帝國議會遞交請願書，說明請願目的與理由，然後在帝國飯店等處舉行記者招待會，向日本媒體說明臺灣人的願望，爭取內地輿論支持。這些活動漸漸引起日本國內團體、開明人士的聲援，內地媒體開始重視與報導。

近代政治運動模式

蔡培火是臺灣議會請願運動的主力人士之一，他長期往返於臺灣與東京間，與林獻堂一起遊說日本朝野政治人物，凡有關臺灣議會設置、爭取臺灣人辦報、反映臺灣統治意見等等，都是他的工作重點。自一九二一年一月臺灣議會運動第一回請願至一九三四年運動終止，除了一九二五年二月因治警事件繫於獄中，幾乎每役必與。

蔡培火是雲林北港人，一八八九年生，參加運動當時已三十歲出頭。總督府國語學校畢業後，他原本在臺南第二公學校任教，一九一四年聽說明治元勳板垣退助來臺推動臺灣同化會運動，熱心參與，不想卻被辭退教職、失了工作。幸好，林獻堂資助他到東京高等師範學校（今筑波大學）留學。在留學生中，蔡培火年紀較長，成為意見領袖，後來乾脆全心投入政治運動，運動費用、生活開銷都須依賴同志們供給，是臺灣第一代職業政治運動家。

蔡培火的交遊廣闊、活動力強，最主要的人脈來自教會系統。一九二〇年四月，他接受植村正久牧師的洗禮，成為基督教徒，透過教會與信仰的關係，開展出廣闊人際網絡，為殖民地臺灣的自治主義運動爭取到眾多同情者。經植村正久牧師的介紹，一方面從政界著手，認識了眾議院議員田川大吉郎、貴族院議員江原素六，這兩人都是虔誠教徒，繼而引介眾議院與貴族院議員支持臺灣議會設置請願運動。另一方面，也獲得學術界的支持，如東京大學教授吉野作造、明治大學教授泉哲、早稻田大學教授內崎作三郎等，經常在《臺灣青年》、《臺灣》雜誌上撰稿發聲。

臺灣議會請願運動持續十數年，逐漸形成一套運作模式，場面一次比一次盛大。先是發起請願連署，初時的請願簽名連署寫在共同的請願書上，一九二五年第七次請願以後改變為每人一張張簽署，以擴大參與。第一次議會請願運動以東京臺灣留學生為主，連署人數僅一七八人，隨著議會設置請願

一九二四年，民眾於臺中火車站歡迎議會請願代表。（《楊肇嘉留真集》）

運動受到認同，連署人數最多到達二四一五人。連署完成後，每年一月帝國議會開議時，組成代表團上京請願，此時，各地同志們紛紛舉行請願團餞別會、壯行會，歡送行列擁簇於各大火車站，好不熱烈風光。請願團返臺之後，則有洗塵宴、接風會，報告請願經過，又於各地舉辦說明會，所到之處鞭炮四起、萬人空巷，有如將軍凱旋。

臺灣議會請願運動每次請願，大約要花費三萬到五萬圓。如果遇到國會議員改選，又須捐獻政治獻金，開銷更大。這些運動經費除了林獻堂大力捐助之外，有賴各方籌募，基本捐獻者多是《臺灣民報》關係人士，包括板橋林家的林柏壽，霧峰林家的林階堂、林資彬、林根生，臺中地主陳炘、羅萬俥、屏東地主李瑞雲，開業醫生高再得、吳秋微、韓石泉、王受祿、林篤勳等人。這十幾位金主之中有八位是地主，多是林獻堂的親族，五位醫生則與蔡培火關係密切。議會請願運動高度依賴林獻堂與蔡培火的人脈關係，於今看來，肯定是政治運動的致命弱點。

日本國內的同情者

日本一般大眾對殖民地問題並不關心，新聞媒體也很少報導。但是，一九一九年朝鮮三一獨立事件引起注意，日本學界與文化界人士，開始對殖民地統治表達同情與關注，臺灣問題找到突破的入口。

植村正久牧師是議會請願運動最主要的媒介人物，他是日本基督教橫濱集團的重要成員，於東京富士見町教會傳教。篤信上帝的他，深信神愛世人、人類平等，他為蔡培火洗禮，也從這位弟兄口中得知臺灣人的處境，大感同情，不禁批評總督府惡政。這位宗教家即知即行，不但大力引見同為基督徒的日本眾議院、貴族院議員，協助臺灣議會設置請願，甚至提供教會場地做為臺灣青年政治集會演講之用，讓臺灣子弟銘感於心。

殖民政策學者是殖民地問題專家，也是臺灣人積極爭取的對象。明治大學殖民政策學教授泉哲不吝表達他對殖民地臺灣的同情，並化為具體行動，屢屢在《臺灣青年》、《臺灣》上撰文，林呈祿稱他為《臺灣》雜誌的「有力指導者」。他鼓勵臺灣島民追求幸福，不應被動等待總督府的措施，因為「臺灣並非總督府的臺灣，而是臺灣島民的臺灣」。這句話頗具說服力，蔡培火靈光一閃，改為「臺灣不只是帝國的臺灣，更是我們臺灣人的臺灣」，在他的文章中陳述。接著，又簡化為「臺灣是臺灣人的臺灣」，在文化演講中不斷被喊出，成為二〇年代政治運動中最響亮、最具代表性的口號。

京都帝國大學殖民政策學教授山本美越乃曾在雜誌上發表文章，比較朝鮮與臺灣兩個殖民地的訴求，反對朝鮮獨立運動，支持殖民地議會設置運動。得到殖民政策專家的肯定，使得留學生們大為振奮。東京帝大教授矢內原忠雄是位著名的自由主義者，一九二一年他的著作《殖民與殖民政策》出版受到矚目，蔡培火與林呈祿前往拜訪，成為好友。他們並安排矢內原忠雄在一九二七年三、四月間到臺灣進行全島考察，親眼見證總督府的作為之後，矢內原完成了《帝國主義下的臺灣》一書，成為控訴殖民地統治的「聖經」。

臺灣議會請願運動也獲得部分日本政界人士的關心。眾議院中最支持議會運動的幾位議員中，田川大吉郎是虔誠的基督徒，曾任基督教學校明治學院院長，還在臺灣擔任過一年的《臺灣新報》主筆，對臺灣問題有相當的瞭解。清瀨一郎曾任律師，推動普選運動，是議會內活躍的自由派議員，戰後曾當選眾議院議長。神田正雄則是位大日本主義者，主張為了日本民族的生存繁榮，應加強殖民地與內地融合；為了強化亞洲團結，應推動中日親善，在他

前排左一起為黃呈聰、蔡培火、田川大吉郎、洪元煌，後排左起為林呈祿、蔣渭水。

眼中，臺灣是中日之間的最佳媒介。

但是，日本帝國議會以內地延長主義／同化政策為主流，殖民地自治主義並沒有太多空間，整體情勢對臺灣議會設置運動十分不利。日本統治當局自始就認為，臺灣議會運動表面上訴諸殖民地自治，其實包藏著臺灣獨立的企圖，只要日本當局稍一鬆手，以臺灣全島為範圍的民選議會一旦設立，臺灣就會離帝國愈來愈遠。所以，臺灣議會設置請願從來不曾成為帝國議會的正式議案。

日本內地的友人們支持議會運動，主要是認為必須改善統治惡政，才能使臺灣人永為日本帝國的忠良臣民。這種從「臺灣是帝國的臺灣」為出發點的思考，與臺灣人所主張「臺灣是臺灣人的臺灣」，本質上極為不同，殖民者與被殖民者之間終究仍存在難以跨越的鴻溝。

一九二一年起，臺灣議會設置請願運動展開連署請願，第一次請願活動在留學生之間展開，共有一七八人參加連署。雖然有日本國內自由派學者的協助，卻不能做為運動的依靠。追求自由、民主、自治的反殖民運動，由留學生點燃了火把，接下來，必須召喚臺灣島內大眾群起呼應，才能燒出熊熊大火。

第三章

在團結的旗幟下

一九二四年七月二十日在臺中樂舞臺戲院，臺灣青年會文化演講團開講，來自豐原、潭子、員林、北斗的聽眾三千多人，擠爆會場。利用暑假、從東京回來的留學生們上臺侃侃而談；臺下萬頭攢動，地方父老們以熱切的心情，專心聆聽。褪熱的天氣，加上爆滿的人潮，臺上臺下都滿頭大汗。

「臺上在講啥？」

「我嘛聽嘸。」

「講啥沒重要，最重要的是站在臺上的都是咱臺灣的子弟。」

「這些白面書生，站著能講，坐下能寫，攏是咱臺灣的希望啦！」

林仲澍的建議

一九二一年成立的臺灣文化協會，最初來自東京留學生林仲澍的構想。

林仲澍是臺中北斗人，留學東京十年，雖然是早稻田大學工科學生，卻對臺灣問題相當關心。一九二〇年他與彭華英在新民會的會議上，建議創辦《臺灣青年》雜誌，做為宣傳機關，獲得蔡惠如的捐助。他成為《臺灣青年》的創始成員，協助編輯與邀稿。這一年七月他自早稻田大學畢業後，返回臺灣，任職於臺灣電力會社，逐漸與同樣關心政治的大稻埕開業醫師蔣渭水成為好友，兩人意氣相投。他向蔣渭水提出新點子，建議應該組織文化協會，並積極討論策劃。

讀工科的林仲澍為何對文化問題特別重視？

一九二〇年七月《臺灣青年》創刊號上，東京大學教授吉野作造寫了一篇〈祝辭〉，文中是這樣說的：

> 總之，協同合作的基礎是獨立，缺乏獨立的合作則是盲從、是隸屬。我們日本國民，對於隸屬民族的存在，並不喜歡。臺灣人在法律上是日本國民，在與我們相互提攜之前，我們要求臺灣人要先成為獨立的文化民族。獨立並非只是反抗法律上的命令者，而是獨立的人格。在此意義上，我們很歡迎諸君日後的計畫。（譯自吉野作造，〈祝辭〉）

《臺灣青年》創刊重要幹部，右排從上到下為林獻堂、王敏川、林仲澍、林呈祿；左排從上到下為蔡惠如、彭華英、徐慶祥、蔡培火。

吉野作造在日本國內被稱為「大正民主旗手」，是有名的自由主義學者，對朝鮮問題、中國問題都很關心，臺灣留學生對他仰慕已久，所以向他邀稿。但吉野作造對臺灣人的議會請願運動卻不怎麼熱心，這篇〈祝辭〉措辭有些嚴厲。「臺灣人要有獨立的文化與人格，才會受到尊重。」敏感的林仲澍，將吉野這些話放在心上。

在東京從事運動時，林仲澍對就讀東京女子醫專的蔡阿信頗有好感，屢屢向阿信邀稿，製造接近的機會。仲澍心儀阿信，曾央請姑姑到東京提親，但阿信本姓林，以「同姓不婚」的理由拒絕了他的追求。返臺後，林仲澍與連雅堂的長女連夏甸結婚，婚宴在蔣渭水的春風得意樓舉行，還邀來臺灣電力會社第一任社長高木友枝蒞臨致詞，場面之隆重，連臺灣最大官方報紙《臺灣日日新報》都做了報導。

但心中忡鬱的他，婚後不到一年，在二十五歲的年紀就病逝。林仲澍英年早逝，令同志

悼林仲澍君之逝

昨宵凶電、幾疑鄭使之差。今晚疊音、盡悉才人之訃。感浮生之有限、君自云歸。悲玉樹之無多、我情何忍。況乎胸懷出衆、曾建議會之書。意氣冲天、直興青年之社。有心激吾儕之志、淚每縱橫。作意勸同胞之情、言多慷慨。當年盡瘁、共知開創之勤。今日奔勞、孰念天涯之力。羣擬擘天有柱、不愁抗士之責。詎料立世無緣、竟赴修文之召。嗚呼神仙已沒、誰續趙子之生。博士雖多、莫追顏回之命。失靈槎於碧海、藥不回生。迷聚窟於芳洲、香難却死。竟成永別、鯤溟岸壁之中。莫可如何、櫻國帝京之外。委詩書於草莽、筆已化龍。撿殘稿於奚囊、字仍織錦。從此秦樓雌鳳、空懸七夕之簫。楚水孤鸞、莫續五絲之縷。雁兮折翼、已成令弟之悲。鶺也失群、復增吾人之痛。況乃强直欺弱、奪土爭民。數十年籠同鸚鵡、時勢可知。三百萬盡作螟蛉、人權安在。前途渺々、誰存國士之心。後事茫々、全賴島民之志。丁此時世、那堪失此英才。嗟彼海天。何處更逢志士。無端哀感、爰爲之詞曰。天何知而造化兮、令爲臺灣之人。地何往而轉運兮、使爲夫止之民。丁艱難之世兮、甘爲過渡之身。學方成而未展兮、竟飲恨於黃泉之濱。既居北斗之鄉兮、竟不能轉南斗之眞。雖大運之間此兮、何天地之不仁。豈騎鯨於碧落兮、故示化於桃津。或騎龍於海上兮、故遺玉於西秦。君逝其何如兮、忍遺此夫觀々。嗟大材之無多兮、感斯民之難新。揮淚想此去之難知兮、對同胞以奚娠。嗚呼。君覺逝兮、君果逝兮、君果早逝兮、豈吾道之將淪耶。嗚呼痛哉。

大正十年八月三日

臺灣青年雜誌社

《臺灣青年》刊文悼念林仲澍

們大感不捨，東京的《臺灣青年》刊出悼文，說他「胸懷出眾，曾建議會之書；意氣沖天，直興青年之社」，而今「前途渺渺，誰存國士之心；後事茫茫，全賴島民之志」。不只島內同志不捨、為他悼念，遠在上海的蔡惠如、彭華英、林伯奏等二十多人也舉行了追悼會。連夏甸後來成為林伯奏的繼室，次女林文月是著名文學家。而蔡阿信，則在蔣渭水作媒之下，嫁給林仲澍的好友彭華英。

林仲澍的好友、年輕醫師蔣渭水很關心政治，他在大稻埕開設大安醫院，總督府醫學專門學校的學弟們吳海水、甘文芳、林麗明、丁瑞魚、石錫勳、張梗、何禮棟等人常常找他聚會、談論政治，大家異口同聲，催促他組成團體。

無獨有偶的，日本基督教牧師賀川豐彥也給了這群臺灣醫學生類似的建議。賀川豐彥是著名的基督教牧師與社會運動家，他積極參與日本的勞工運動與農民運動團體，主張合法、非暴力的抗爭，對弱勢者深具關懷。一九二二年二月，賀川豐彥來臺，醫學專門學校學生丁瑞魚與同學多人去拜訪他，請教臺灣人反抗運動問題。賀川說：

> 你們現在還不配談獨立，一個獨立的國家必須具有獨自的文化。譬如文藝、美術、音樂、演劇、歌謠等等，不能夠養成自己的文化，縱使表面具有獨立的形式，文化上也是

他人的殖民地。現在培養自己的文化是你們當務之急，你們一旦獲得自己的文化，水到渠成，獨立的問題自然就會解決，現在侈談獨立，只有百害而無一利。

丁瑞魚是鹿港人，一九〇一年生。他的抗日意識在醫專期間就表露無遺，一九二三年日本皇太子裕仁親王來臺「巡啟」，至總督府醫專視察之時，學生列隊歡迎，丁瑞魚未向太子行禮，被拘禁審問。幸賴校長堀內次雄說情、擔保，事情才未擴大。他又與同學郭松根、施江南、郭火炎等人，對殖民政府統治時有批評，思考臺灣的出路。

賀川豐彥這些建議對於正苦思抵抗與出路的臺灣青年，有所提示。

蔣渭水，是最早將「文化事業」付諸實施的人。

風風火火蔣渭水

蔣渭水，宜蘭人，一八九一年生，父親是位乩童，但他卻從求神拜佛的施作中，看到宗教活動的不科學。他十六歲才入公學校，成績一路領先，順利考入總督府醫學校，在校時期就是個活躍的政治青年。自稱患了「政治熱」症頭的蔣渭水，與同學之間從事了種種政治活動，還開設東榮商號做為聚會場所。因關心中國革命、袁世凱稱帝，與好友翁俊明、杜聰明異想天開，打算培養病菌投於水中，謀殺袁世凱。這天方夜譚式的暗殺計畫當然沒有實現的可能，但也足以看出蔣渭水說風就是雨、暢快淋漓的行事風格。

自從一九一六年從醫開業以後，蔣渭水深感生活「了無意義」，於是成立「文化公司」引進中日圖書雜誌，又開設春風得意樓餐館提供友人聚會場所，一刻也閒不下來。直到一九二〇年透過醫專好友賴金圳，認識了林仲澍，熱切議論政治大事，才重新找到生活重心。蔣渭水常與醫專的好友們吳海水、甘文芳、張梗、林麗明、丁瑞魚、石錫勳聚會，眾人慫恿他出來組織團體，他就真的一心一意撩下去。但，蔣渭水因自揣知名度不足、號召力有限，於是邀請林獻堂擔任總理。

為了取得官方的諒解，一九二一年七月十八日，蔣渭水、吳海水、林麗明等三人拜訪總督府警務局局長川崎卓吉，說明將組成之「臺灣文化協會」只是文化團體，目的在提升臺灣文化，絕不會涉及政治活動。

一九二一年十月十七日，臺灣文化協會在臺北大稻埕靜修女中正式成立。會員一〇三二人，出席創立大會人數有三百多人。成立大會上，蔣渭水的演說，是這樣說的：

臺灣人負有媒介日華親善的使命，日華親善是亞細亞民族聯盟的前提，亞細亞民族聯盟則是世界和平的前提。世界和平是人類的最大幸福，並且是全人類的最大願望。所以我們臺灣人負有媒介日華親善，策進亞細亞聯盟，以達成世界和平與全人類最大幸福的使命。簡單說，我們臺灣人手中，握著世界和平的第一把鑰匙呢。（改寫自蔣渭水，〈臺灣文化協會成立大會講詞〉）

他還為臺灣文化協會寫了〈會歌〉，也是同樣的論調：

我等都是　亞細亞　黃色的人種
介在漢族　一血脈　亞東的百姓
所以天降　大使命　囑咱緊實行
發達文化　振道德　造就此才能

欲謀東洋　永和平　中日要親善
我等須當　作連鎖　和睦此弟兄
糾合東亞　諸民族　締結大同盟

啟發文明　比西洋　兩兩得並行（下略）

這是當時日本國內最典型的「大亞洲主義」的論調。十九世紀下半葉，黑船來航對日本產生巨大衝擊，知識分子間亟思救國之道，一派人主張學習西方、脫亞入歐，一派人主張團結亞洲抵抗西方，大亞洲主義正是第二種路線的濃縮版。一九一四年板垣退助來臺倡議同化會，提倡「日華提攜」、臺灣可以扮演重要角色，也是循著這一套論調。臺灣留學生所創刊的《臺灣青年》，在醫學專門學校、國語學校學生之間熱烈傳閱，其中許多日本政界、學界人士的文章，都是此一基調。

臺灣青年對於大亞洲主義毫不陌生，更重要的是，他們希望在大亞洲主義／中日親善的路線中，為殖民地臺灣拓展生存空間。做為「中日親善的橋梁」、「世界和平的鎖鑰」，正是當時知識分子對臺灣的角色期待。一九二〇年代初期，開始從事政治活動的蔣渭水，可以說是一位大亞洲主義者。

但博聞強記、與時俱進的蔣渭水，在他活躍於政治運動的十年內，隨著時代思潮的變化，不斷吸收新知、改變戰鬥位置。

一九二四年因治警事件入獄期間，蔣渭水密集閱讀。一九二六年六月成立了文化書局，大量接觸中國政治、政黨、西方政治學與社會主義思潮相關書籍。受到社會主義思潮的吸引，他的思想開始轉變，逐漸在政治座標上向左移動。他對中國國民黨聯俄容共策略加以肯定，並公開推崇孫中山。一九二七年，中國國民黨著手清黨分共，此時的蔣渭水則已一路馳騁，從社會主義走向共產主義。

文化演講啟迪民智

臺灣文化協會的目的之一是做為臺灣議會設置請願運動的推動團體，但是，基於與統治當局的協議，成立宗旨是「圖謀臺灣文化之發達」，同時，推動政治運動的前提，必須先啟發臺灣人民，因此文化運動成為初期會務重點。除了發行會報之外，文化協會也於各地成立讀報社，訂購《臺灣民報》、中日重要報刊，提供民眾閱讀、吸收外界資訊的機會。一九二三年起，開辦臺灣通史、通俗法律、通俗衛生等各種講習會；一九二四年起連續三年在霧峰林家萊園開辦夏季學校，教授近代政治學、經濟學、中外歷史、科學等課程。

但是，從事讀報、講習這些活動，都必須具備識字的基本能力。據一九二〇年日本國勢調查，當時臺灣的識字率只有三・九％，文盲超過九〇％，一般人懂日文者更少，只有二・八六％，讀書閱報等文字宣傳，對當時廣大的島民而言，影響極為有限。即使到了一九三〇年，國勢調查報告中臺灣人的識字率也只有一二·四%。

臺灣文化協會初期的這些活動都以知識分子為對象，無法成為一般大眾可以親近的啟蒙運動。直到文化演講會，點燃了全臺烽火。

一九二三年五月，文化協會理事黃呈聰、王敏川以《臺灣民報》記者身分回臺，歷訪各地推銷訂報，並進行巡迴演講，受到熱烈歡迎。二十日，東京臺灣青年會開會決議組成文化演講團，利用暑假歸臺，巡迴全島進行文化啟蒙運動。第一團一九二三年七月十六日出發，團長是吳三連；第二團一九二四年八月十八日出發，團員有謝春木、呂靈石、連震東、莊垂勝、溫成龍等人。第三團於一九二五年七月三十日抵臺，團員游彌堅、謝春木、蘇維梁、賴遠輝、

臺灣文化協會第一屆理事會合影。前排左一洪元煌、左三蔣渭水、左四林獻堂、左五連溫卿。
後排站立者左一蔡培火、右一謝春木、右二賴和、右三陳逢源、右六王敏川、右七林幼春。

林九龍等人。一九二六年除了東京臺灣青年會的演講團之外，日本中央大學臺灣留學生也另行組團返臺巡迴演講。

文化演講的內容從宗教、哲學、社會、法律、家庭、兩性關係等無所不包，除引入進步文明思想之餘，也夾帶政治教育與社會批判。文化演講會在各地舉行，成為地方大事，偏遠地區甚至用轎子迎送、大鼓陣為前導，宛如迎媽祖一般。特別是留學生講員不遠千里而來，清新卻又熱情的態度，最受到地方父老的疼惜。

一九二五年四月十九日，文化協會成員前往因製糖會社壓迫、屢生爭議的彰化二林庄舉辦演講，受到前所未有的歡迎。是日，文化協會人員由北斗到達二林時，街上已是鑼鼓喧天，民眾沸騰。為參與此次演講而前往的葉榮鐘，以為是迎神賽會的隊伍，後來聽說是附近村莊農民自動集合起來歡迎，大受感動。演講活動在一家碾米廠內舉行，空間大概可容二、三百人，但擠在碾米廠外面翹首殷望、熱切聆聽的人，超過裡面三、四十倍的人數。以致，臨場監視的日本警察雖是全副武裝，卻顯得惶惶不安。演講結束，講員用餐時，大批群眾竟然擁擠在街頭巷尾，不肯離開。一行前往車站後，民眾又擠滿車站內外，依依不捨地揮別。眼看著底層民眾對文化協會的依戀之情，葉榮鐘因此認為「文化演講活動與其說是開通風氣、傳播文化，不如說是對無依無靠、飽受欺凌的同胞發揮打氣的作用」。

演講會大大激發民氣，所到之處萬頭攢動，協助文化協會攻城掠地，唯獨新竹市文協成員較少，勢單力薄，無法與舊派勢力、御用仕紳抗衡，活動難以展開。一九二五年六月文協連續在此舉行了兩天的演講會，事前邀集南部的蔡培火、陳逢源，中部的林獻堂、蔡惠如、林幼春，北部的蔣渭水、石煥長等人，三路人馬在新竹火車站會合，再分乘二十餘輛人力車浩浩蕩蕩遊行重要街道，所到之處店家自動鳴炮聲歡迎，煙硝瀰漫、人聲鼎沸，聲勢之浩大，盛極一時。經過此次大會師，不久，文協新竹支部成立，讀報社、巡迴文庫（移動圖書館）陸續展開，新竹的文化運動一日千里，竟有後來居上之勢。

日本時代鄉下的警察，在地方上有絕大的威嚴。這些日本警察握有行政處分權，身帶配劍、威風凜凜，頤指氣使、予

一九二三年五月文協演講團臺南合影。前排左起陳逢源，郭佩雲（黃朝琴之妻），黃呈聰，王敏川，蔡培火。中排左三黃朝琴，左五黃金火，左六吳海水，左七黃受祿。後排左二韓石泉，左三高再得，左五吳秋微。

取予求，民眾畏之如虎，稱之為「大人」。如今，文協講員竟然敢與臨場監視的「大人」分庭抗禮，叫民眾驚訝佩服不已。有時，講員們甚至引經據典、引用法條，對官吏加以抨擊，或者話中有話，對場邊的警察冷嘲熱諷、百般揶揄，更讓聽講民眾全場哄然、一吐心中怨氣。如此一來，文協演講公開挑戰官署、針對警察取締據理力爭，多少破除民眾怯懦卑下的心理；而他們所要求的合理待遇、民主政治，更使民心與風氣大為轉變。

自一九二三年至一九二六年的四年間，在臺北、新竹、臺中、臺南、高雄五個都市舉辦的演講高達七九八次，聽眾超過三十萬人。尤其一九二五年、一九二六年是文化演講會最狂熱的時代。

文化演講使民智大開，不再害怕官廳。臺灣總督府警務局的報告認為文化協會教導民眾抗官、敗壞社會風氣，「藉口普及政治思想，以偏見看待本島施政，每每撥弄言論、批評政府，助長一般民眾對官廳官吏的反抗氣氛，淳風美俗遭到破壞，民心普遍不馴。」

臺北無產青年

文化協會活動引起各地青年的迴響，陸續在各地成立青年次團體，掀起學生運動風潮。尤其是臺北大稻埕，成為社會主義青年聚集之地。將社會主義引入臺灣文化協會的媒介是連溫卿，他是戰後民進黨主席黃信介的舅舅。

連溫卿是大稻埕人，一八九五年生。雖然只受過初等教育，公學校畢業後，透過自修習得世界語（Esperanto，ＥＳＰ）。世界語是波蘭猶太裔醫生柴門霍夫（L. L. Zamenhof）所創，為了避免世界各國因種族、語言的分歧引起戰爭與紛亂，他提倡一套以拉丁語為基礎創造的人工語言，簡單易學，希望以世界性共通的語言超越民族差異，達到國際溝通、促進世界和平。連溫卿自述為何學習世界語：

> 當時在日本專制主義統治下，臺灣人的處境等於在窒息狀態。一九一三年以來發生的世界語運動，恰好為嫌惡專制、逃避政治的臺灣人準備了一條路，因為 Esperanto —— 世界語的內在思想是反對歧視、人類一家。（改寫自連溫卿，〈臺灣ＥＳＰ運動的回顧〉）

連溫卿與蘇璧輝等人加入日本人兒玉四郎創立的日本ＥＳＰ協會臺灣支部，改組為臺灣ＥＳＰ協會，發行《綠蔭》（*Verda Ombro*）月刊，連溫卿是主要編輯人，大稻埕成為臺灣世界語運動的中心。

這段時間內，連溫卿認識了在臺北私立女子學校教書、同樣也研究世界語的山口小靜。

山口小靜出生於臺灣，父親山口透是臺灣神社的神官，她於高中畢業後回到日本，接觸正在復甦的社會主義運動，參加社會主義運動者山川均的「水曜會」、山川均之妻山川菊榮的婦女運動組織「赤瀾會」等活動。經由山口小靜的介紹，連溫卿認識了日本社會主義者山川均，接觸社會主義，組織「馬克斯研究會」。

一九二三年三月，山口小靜因為肺病過世，但連溫卿與山川均夫婦的往來並未因此而中斷。一九二四年五月，他專程到東京參加世界語學會時，寄宿在山川均家中，雙方建立起密切的互動。連溫卿從山川均處獲得社會主義理論的指導，而山川均則自連溫卿處取得殖民地臺灣的政治經濟相關資料，做為他的研究依據。

一九二五年十二月，山川均在日本社會主義刊物《改造》發表時評，指控因三菱製紙會社掠奪臺中州、臺南州竹林問題、林本源製糖與蔗農的甘蔗採收爭議，激發臺灣農民群起組成臺灣農民組合，以為對抗，他呼籲日本內地無產階級運動應對殖民地農民組合有所理解。接著又在一九二六年五月《改造》發表長篇論文〈弱小民族的悲哀〉，以豐富的數據呈現臺灣農民被剝削掠奪的具體事實，所用資料正是來自連溫卿的協助。這篇長文後來由張我軍翻譯，在《臺灣民報》上分數回連載刊出，成為對日本殖民統治最有力的控訴。

一九二三年七月，連溫卿與蔣渭水、謝文達、石煥長等人成立了「社會問題研究會」，研習社會主義，但馬上被官方取締。社會問題研究會雖被壓制，但蔣渭水由此開始接觸社會主義思想，青年階層也受吸引，各地出現無產青年。

而臺北大稻埕的青年們，早已蠢蠢欲動。翁澤生，一九〇三生於永樂町，太平公學校畢業後，被父親翁瑟士送往廈門集美中學就讀，常利用返臺時與文化協會接觸。一九二三年七月太平公學校的校友會上，翁澤生、洪朝宗、鄭石蛋等人要求使用臺灣話，大聲主張校友的自治權、「排斥日語、反對總督政治」，校長制止不成，會場為之騷動喧譁、不可收拾，被稱為「太平公學校事件」。不久之後，這些青年們和蔣渭水、連溫卿、王敏川集會，打算成立「臺北青年會」，做為文化協會指導下的青年團體，但官方旋即下達禁止結社命令。

結社遭拒之下，更激發臺北青年們的鬥志。高兩貴活躍於體育競賽，與鄭石蛋、黃白成枝、洪朝宗、周合成等人，在楊朝華（雕塑家楊英風之父）家召開了祕密會議，以「鼓勵體育活動」的名義組成「臺北青年體育會」；翁澤生、楊朝華等同一批人又與蔣渭水、王敏川等文化協會幹部組成了「臺北青年讀書會」，兩個團體之間幾乎沒有明顯的區別。三、四十名臺北青年此後流連於文化協會位在港町的讀報社內，研究起社會問題、無政府主義、共產主義。

這些青年們一方面研讀社會主義理論，一方面也真切地投入體育活動。尤其是高兩貴，利用體育會經常活動的運動場，自己練起「竹篙跳」（撐竿跳）、跳高與跳遠，一九二五年四月臺灣舉行奧林匹克運動會預選，竟然以三．一八公尺跳高成績成打破臺灣新紀錄，十一月的全島運動大會，更跳出三．二五公尺的好成績。

當時正逢大稻埕慈聖宮建醮大會，仕紳為了刺激消費要求民眾每人出資若干供養神明、支持慶典。青年會掛起了「打破陋習大演講會」的看板，呼籲民眾打破迷信、反對做醮活動，號稱「臺北無產青年」。一九二六年六一七始政紀念日，無產青年與文協左翼幹部連溫卿、蔣渭水等人在讀報社內舉辦演說、譴責總督政治，遭到解散卻繼續集會，洪朝宗、高兩貴、王萬得、胡柳生、潘欽信等人都被罰款或拘留。

大稻埕成為無產青年活動中心，他們受社會主義思想、無產階級運動吸引，不滿林獻堂等人的運動路線，批判議會請願運動是過於軟弱的「叩頭行為」。無產青年聲勢日大，行動激進，與主張溫和路線的文化協會領導階層之間，關係愈來愈緊張。

文化協會的啟蒙運動，對青年學生發揮鼓舞的作用。除了臺北青年讀書會之外，各地紛紛組成青年團體，如南投草屯的「炎峰青年會」、苗栗的「通宵青年會」、中部的「大甲日新會」、「彰化婦女共進會」、南部的「諸羅婦女協進會」、「赤崁向上會」、基隆的「美麗也會」等等，男女青年定期聚會，舉辦演講活動。因為文化協會的啟發與鼓舞，各地青年學生紛紛被喚醒，開始行動。

學潮！學潮！學潮！

日本時代，總督府的教育偏重初等教育與職業教育。早期，初等教育機構是公學校，如同現在的小學，中等教育則是國語學校國語部。由於中等教育極不完備，所以一九一五年林獻堂等仕紳集資向總督府爭取設中等教育機構，臺中中學校成為第一所臺灣人的中學。此外，臺灣學生若要升學，只能投考就讀總督府醫學校、國語學校師範部、國語學校實業部、工業講習所、農業講習所等。

一九一九年頒布臺灣教育令，確立教育制度，公學校為初等教育，中等教育仍是實業教育、專門教育、師範教育，升學管道包括工業學校、商業學校、師範學校、醫學專門學校等等。直到一九二八年才設立了高等教育機構臺北帝國大學，但這並不是為臺灣人設立的大學，臺北帝國大學的學生中有超過八〇％是日本人。所以，總督府籌設臺北帝國大學之初，臺灣人的喉舌《臺灣民報》持反對意見，認為這是為日本人設置的高等教育機構，他們要求總督府應該先普遍設立小學與中學，讓臺灣人獲得基礎教育的機會。

一九二一年臺灣文化協會成立之初，幹部多是地主仕紳，但會員中青年學生占極大比重。據總督府警務局留下的檔案，文化協會成立初期的一〇三二名會員中，學生會員達二七九人，其中醫學專門學校四十九人、臺北師範學校學生一三六人、臺中商業學校六十一人、高等農林學校三十人、臺北工業學校三名。第二年，臺北醫專與臺北師範學校學生加入文化協會者更達三一〇人。加上《臺灣青年》雜誌發行，學生間熱烈傳閱，更加速抵抗意識的傳播。當時就讀於臺北師範學校的謝春木就回憶說：「雜誌《臺灣青年》對臺北中等學校學生產生極大衝擊，學生明顯地因此而產生自覺，對課業以外的思想問題更加熱心加以研究。」官方也注意到這些現象，並對學生大量加入文化協會，關心政治問題的現象大感憂心。

臺灣學生平時忍受日籍教師的歧視、日本學生的欺凌，早就心生不滿。受到文化協會的啟蒙與鼓舞後，意氣昂揚，一旦遇到不公平待遇也不再隱忍，愈來愈敢於反抗，於是臺灣各地頻頻爆發學潮。

一九二二年二月，臺北師範學校發生第一次學潮，該校學生杜榮輝與警察發生衝突，警察到校查問，學生六百多人包圍警察，導致臺北市警察局南署（今延平南路臺北市政府警察局）派員馳援，雙方劍拔弩張。一九二四年十一月臺北師範因臺灣籍與日本籍學生意見不合，校方袒護後者，演變成全校罷課的第二次學潮，最後有三十七名臺灣學生被開除。接著，一九二五年臺南師範、一九二六年臺北商工學校（今開南商職）、一九二七年臺中中學、一九二八年臺南第二高女、臺中師範學校等等，陸續爆發一波波學潮。各次事件雖然多以開除臺灣學生收場，但被退學的學生卻愈挫愈勇，或是奔赴日本、或是前往中國繼續求學，日後投身政治社會運動，更加壯大反對運動的聲勢。

李友邦與林木順，就是這樣的例子。李友邦，本名李肇基，臺北蘆洲人，一九〇六年生。一九二四年三月他被臺北師範學校開除後，奔赴中國廣州，投考黃埔軍校，與在廣州的臺灣青年張月澄、張深切、林文騰、郭德金等人組織廣東臺灣革命青年團，又與中國政界與文化界人士交往，矢志「打倒日本帝國主義」。七七事變爆發後，李友邦在浙江金華一帶組織「臺灣義勇隊」，獲國民政府承認，直屬於軍事委員會政治部之下，從事廣播文宣、醫療救助等工作，協助中國抗戰。

林木順是南投草屯人，一九〇六年生，一九二二年自草鞋墩公學校畢業後進入臺北師範學校。在學校時他就是個愛發表意見、率性不拘，在學生團體中具有影響力的人。他與李友邦是同學，被臺北師範學校退學後，前往中國大陸。他在離臺的船上認識了謝雪紅，後來兩人一起進入上海大學就讀，並且在一九二五年被第三國際送到莫斯科的東方勞動者共產主義大學學習。一九二八年四月，他們在上海成立了臺灣共產黨，標舉「臺灣民族獨立、建立臺灣共和國」的主張。

因為臺灣文化協會的啟蒙與鼓舞，民眾克服恐懼，敢於關心社會。青年學生更是激於義憤不平則鳴，雖然受到挫折與壓力，仍然勇往直前，如同種子落地，更加壯大反對運動的聲勢。

第四章

想像文明臺灣

日本帝國統治臺灣不到三十年，不但克服熱帶疾病與髒亂，並展開全臺的基礎建設，西部鐵路、南北港口、都市下水道、農業水利設施逐步完成。臺北、臺中、臺南已是道路寬敞、整潔有序的進步都市，農業發達、工商繁榮，臺灣總督府志得意滿地向西方各國宣傳，臺灣是成功的殖民典範。

不僅日本政府自誇，新崛起的臺灣第一仕紳辜顯榮也這麼附和：

若以公平的眼光來看，觀察帝國領臺以來至今三十年的治績，我臺灣島民實在是地球上各國之中最最幸福的人民之一。看看對岸支那便知。支那在清朝被推翻、建立中華民國至今，動亂相繼，號稱共和政治，實則各省軍閥橫行，爭權奪利、重斂苛稅。與之相比的話，我們臺灣如何呢？全島土匪一舉廓清二十多年來，一次戰亂也沒有，全島一片和氣洋洋的昇平景象。如此幸福的人民，世界何處可尋？

簡言之，臺灣現在的富庶要比前清時代增加數十百倍，事實可證，臺灣人民生活已大幅改善。（尾崎秀太郎，《辜顯榮傳》）

然而，物質生活的滿足，這就是臺灣人所追求的全部嗎？

物質文明之外

一九二〇年七月，林呈祿、彭華英、蔡培火等人創刊了《臺灣青年》雜誌。一九二二年四月以後改為《臺灣》，由蔡培火返臺籌募資金成立公司，東京本部由林呈祿接任編輯兼發行人，支局設在臺灣文化協會創辦人蔣渭水太平町住處。這兩刊都是月刊型態，訂閱者多是知識分子，最高發行量不過三千部。

為了因應島內政治與文化運動的推展，並擴大讀者群，一九二三年四月發行《臺灣民報》，以半月刊方式出刊。東京方面黃呈聰、黃朝琴二人出力最多，臺灣方面則有蔣渭水加入，報紙總批發處就設在蔣渭水大安醫院隔

東京牛込區的《臺灣》雜誌社

壁。《臺灣民報》以淺顯漢文出刊，從半月刊、旬刊、又改為週刊，至一九二五年七月，發行量突破一萬部，與當時臺灣第一大日報《臺灣日日新報》發行量一八七九〇部相較，並不遜色。而爭取自東京移回島內發行、由週刊改為日報，則成為臺灣政治運動家們的主要目標。

一九二〇年代臺灣民主運動至此，從改革訴求、運動團體到宣傳機構一應俱全。參與其中的葉榮鐘這樣形容：

臺灣議會設置請願運動、臺灣文化協會與《臺灣青年》雜誌，是臺灣非武裝抗日的三大主力。若用戰爭的形式來譬喻，臺灣議會設置請願運動是外交攻勢，《臺灣青年》，包括以後的《臺灣》雜誌、《臺灣民報》、以及日刊的《臺灣新民報》是宣傳戰，而文化協會則是短兵相接的陣地戰。

《臺灣青年》／《臺灣》／《臺灣民報》／《臺灣新民報》這一系列報刊做為「臺灣人的喉舌」，除了宣傳政治社會運動外，更重要的是深入探討臺灣文化問題，推動文化改造運動。《臺灣青年》創刊號上，林呈祿所撰的〈新時代臺灣青年的覺悟〉一文，對日本統治下的物質文明提出批判：

臺灣的物質進步，是以內地人為本位的進步，是殖民地母國本位的經濟政策，是與臺灣人精神進步無關係的跛腳的進步。

人類是追求理性的、精神的動物，並非以物質生活的滿足做為唯一的目標。如果只滿足於物質生活，那人類與動物園內的動物有什麼不同呢？又與耕作用的牛馬有什麼差別呢？擁有高級智能與理性，是人類與與動物最大不同之處。追求完全的文化生活與精神自由，則是文明人與野蠻人的區別之處。

（林呈祿，〈新時代に處する臺灣青年の覺悟〉）

一百年前，臺灣青年就已經明明白白揭櫫臺灣

吳三連（左一）、黃周（左二）、黃呈聰（右一）與臺灣民報社同仁在東京報社前合影。（財團法人吳三連台灣史料基金會收藏）

人所追求的目標：臺灣人不僅希望物質生活進步，更要求擁有精神文明、自由與尊嚴的生活方式。

「臺灣人」的出現

一九二〇年底，蔡培火在《臺灣青年》上發表了一篇〈臺灣島與我們〉，文中這樣說：

我們臺灣人置身於這無盡的天然寶庫，眼底盡是偉大山河景色，豈能無動於衷。我們決不能悠悠閑閑，無所作為，臺灣是帝國的臺灣，更是我們臺灣人的臺灣！啊！我們臺灣人是這美麗寶島的主人翁，各位應重視此事，做為島主的我們，應共同努力，使同胞得享安樂幸福，必非夢想！（改寫自蔡培火，〈我島と我等〉）

文章一出，《臺灣青年》首次被日本當局禁止發售。顯然，統治當局已嗅到文中所傳達強烈的政治氣息。雜誌雖被禁，「臺灣是臺灣人的臺灣」，卻成為日後政治運動最響亮的口號。這篇文章中所暗示，臺灣人應不分人種族群團結起來，抵抗外來強權宰制，爭取當家作主的機會，這種「做自己主人」的企圖，從日本時代延續到戰後，成為百年來臺灣人追求的夢想。

在此之前，清國統治者稱島上的人民為「臺民」、日本政府則稱之為「土人」，臺灣人只是被統治的客體、落後的土著。島上的人民則以祖籍漳州人、泉州人、廣東人自稱，島民的認同仍是遙遠的祖宗移居之地「唐山」。

經過近代國家日本的統治，一九二〇年代的臺灣社會因交通、通訊等設施，語言、報紙等媒介，島民開始出現近代性的群體認同。但是，這個群體認同並未被整合進總督府大力宣傳的「日本」國家，相反的，因為遭受歧視與差別待遇，知識分子明明白白體會到「我們與日本人不同」，我們是「臺灣人」。「臺灣人」這個自我命名在此時出現，透過臺灣議會設置請願運動與臺灣文化協會的宣傳，一再被使用、傳述，不斷被強化。於是，「臺灣人」，一個以臺灣全島為範圍、以腳下這塊土地為認同、標示著「我們」的這個主體認識出現了。

配合臺灣議會設置請願運動的推展，〈臺灣自治歌〉這樣主張：

蓬萊美島真可愛，祖先基業在。
田園阮開樹阮栽，勞苦代過代。
著理解，著理解，

阮是開拓者，不是憨奴才。

臺灣全島緊自治，公事阮掌才應該。（臺語發音）

島民自稱為「臺灣人」，並且要求「臺灣是臺灣人的臺灣」、「臺灣自治」，這可是前所未有的事啊！

日本政府對「臺灣人」這樣的自我命名感到不舒服，試圖將之去除。總督府指示官方媒體不再使用「土人」蔑稱島民，改為「本島人」，但自我認知已被喚起的人們已不再甘於殖民者所給予的名字，他們要自己選擇名字。黃呈聰驕傲地說：

《臺灣日日新報》同意改為本島人，過去雖稱為「土人」，現在已經改正。並且說明，土人是指土著人，本島人是本島居住的人，土人這個稱呼引起反感，現在改為本島人，應該比較合適。

但我們則主張稱為臺灣人比本島人更好。其一，若在內地稱本島人，沒有人知道是指臺灣人。其二，本島人就是指島上所居住的人，像是沖繩人也可以稱本島人。所以，我們主張稱為臺灣人，不論到什麼地方都容易明白。（改寫自黃呈聰，〈臺灣人的名稱〉）

島民相當堅持，久而久之，連日本人的報紙、官方文書也使用「臺灣人」的稱法。如此一來，「臺灣人」不僅是自我命名，也成為別人對我們的稱呼了。

不過嚴格說起來，日本時代所稱的「臺灣人」，與現今臺灣人的範圍並不相同。當時所稱的臺灣人是指漢人及行政區內的原住民（熟蕃），並不包括山地原住民（生蕃）。日本統治者採取「漢原分治」政策，使雙方各在不同行政體系下被管理，缺乏接觸的機會。因為缺乏互動接觸與共同生活經驗，也就難以產生「我們」的想像與情感，這正是殖民統治的後果之一。戰後，國民黨政府採取了類似的統治手段，例如設立山地管制區，把原住民圈養起來，禁止漢人自由出入，遂行控制。

自覺、自由、自治

臺灣人要做為自己的主人，先要有「人的自覺」，文化運動就是一種「自覺運動」，《臺灣民報》中不斷如此闡述：

燦爛的歐洲現代文明，是由於全歐洲人的自覺，在歐洲文藝復興以來四五百年間，所建造出來的。事實上，歐洲近代史可以說是一部「我」的自覺史。文化運動是一切運動的基礎，在全體民眾還未完全覺醒以前，任你社會運動家如何叫嚷社會改造，任你政治運動家如何鼓吹民權伸張，也不過是做一場空夢罷了。欲使社會運動甚至政治運動能夠有效實現，非得借文化運動之力，叫醒全體民眾不可！而文化運動的目標，正是要喚起全體民眾的徹底的覺醒。（改寫自《臺灣民報》社論，〈文化運動的目標〉）

一百年前，臺灣的文化運動者就已經努力宣揚人文主義，喚起臺灣人覺醒，不甘再像動物一般受人役使、像奴隸般受人壓迫。他們不斷提醒民眾，要自覺「我是人」，要有獨立人格、要被尊嚴地對待、要過自由的生活。

蔡培火在報刊上說，他長期從事文化運動的目標就是「人格的做成」，「人格是辯真偽、別善惡、定行止的總體能力」，是做為人類的基本條件，沒有了人格，失去基本尊嚴與能力，就失去了生存的權利。所以他說，「文化運動即是人格運動」，要喚起臺灣民眾的自覺，使其人格不受束縛、不被壓制，不再逆來順受、麻木不仁。

一九二〇年代前後，日本知識分子間流行「新康德哲學」，包括東京帝大、京都帝大、東北帝大、高等學校都陸續設立哲學系，探討新康德哲學。因為，此派哲學對十九世紀以來西方急速工業化所造成的社會矛盾現象頗為關切，更對科技發明、產業發達後所造成的物質主義、功利主義現象產生危機感。新康德哲學提倡精神文明與文化價值的重要性，認為這是抵擋物質文明對人類精神腐蝕的良方。這樣的哲學思維，正符合明治維新以來日本知識分子的精神狀態，他們也急於尋求解救社會過度物質化、功利化的精神力量。京都帝大的桑木嚴翼、朝永三十郎等人移植了這個德國哲學流派，成為日本學院派的「文化主義哲學」。一九一八年，日本思想團體「黎明會」成立，第一回演講就邀請了哲學家左右田喜一郎演講「文化主義的理論」；接著又由桑木嚴翼演講「文化主義與社會問題」，文化主義成為大正民主時期最流行的哲學思潮。

這些日本哲學家們強調人類精神文明的重要性，推崇自由、獨立的人格能夠抵抗物質腐化，抵抗專制壓迫。自由的人格是人類文化發展的基礎，是真善美文化的源頭。而且，文化主義與自由、平等、和平等價值具有親近性，可以抵抗專制主義、軍國主義、官僚主義的壓迫。這些主張，稱為「人格主義」、「文化主義」。

臺灣知識分子也承襲了這些日本國內所流行的哲學思維，其中以陳逢源做為代表。他在《臺灣》第三卷第三期發表〈洞察晚近世界潮流〉、第四卷第二期又發表〈做為人生批判原理的文化主義〉等文章，闡述「人格主義」、「文化主義」。陳逢源是臺南人，一八九三年生，總督府國語學校畢業，熟讀康德哲學之餘，他進一步將此運用在政治論述中。例如他以人格自由原則對照臺灣統治現狀，指出臺灣總督府明顯侵犯臺灣人的生存權與人格權，因此主張撤除對臺灣人的種種束縛，包括廢止砂糖原料採集區域制度對經濟權的限制，廢除保甲制度、匪徒刑罰令對於基本人格的侵犯，禁止日本同化主義對臺灣文化的歧視等等。

覺醒自己為自由人、具備獨立人格，這樣的臺灣人才有資格談論臺灣文化。接著，文化運動者們描繪了他們心目中理想的臺灣文化。

多元混雜的「臺灣文化」

日本時代，雖然許多政治運動者都抱持某種「祖國情懷」，但他們認為，晚清閉關自守，國民長睡不知世變，方遭遇割地賠款之辱，因此對於中國文化評價不高。他們主張，世界文明不進則退，所謂「中華輝煌文化」早已成過往，以漢民族為主的臺灣人，不積極從事文化運動不足以自救。

尤其日本明治維新以來，改革有成，即便如此，日本國民全體仍舊兢兢業業於「攀登文明階梯」。東方新興帝國全體國民尚且努力仿效西方文明、力求進步，做為帝國征服新附領土下的臺灣人，又怎能不加緊腳步、奮起直追？

但是，急起直追並不是一味模仿日本文化或西方文化，而是應該追求豐富多元、兼容並蓄。林呈祿認為，要開發本島文化，除了革除陋習、吸取新知之外，最重要是「去除種族的憎惡之念」，「因種族差別挾憎惡之念，則失去新時代文明人的資格。」王敏川也指出，把東洋道德、西洋器物對立起來的說法是不對的，忠孝節義並非東洋人所獨有，明治維新時的日本亦採西洋道德來教導人民：

我們臺灣人不可隨聲附和，一味排斥西洋文化，而應該善取不同的精粹。又如東洋文化中的道德，像仁愛的觀念，也應當尊重，發揮東方文化的長處。文化運動是不可滿足於現狀的，最重要是創造的精神，我們不但不應滿足於東洋文化，就是對於西洋文化也要不滿足才是！不滿足才有創造的精神，才會得到豐美的成果。

（改寫自王敏川，〈從事文化運動的覺悟〉）

黃呈聰更提出「多元混雜」的主張，他認為臺灣文化的現狀，本來就是一種揉和了漢人、臺灣人、日本人的「混雜文化」，往後更要擇善學習、調和創新出更優越的文化：

我們臺灣有自己固有的文化，更要選擇外來文化優良的部分加以調和，以打造成臺灣特種的文化。

並不是盲目模仿，就可獲得高等的文化。必須能創造特種的文化始能發揮臺灣的特性，促進社會的文化向上。執意傾向中國、或傾向日本、或傾向西洋的生活模式，是無益的。而是要擇其最善、有益的部分，加以融合，方可促進社會進步。否則，終歸只陷於混亂的狀態。（改寫自黃呈聰，〈應該著創設臺灣特種的文化〉）

打造「世界性的臺灣」

受到世界思潮的鼓舞，一九二〇年代殖民地臺灣的知識分子們胸懷大志，以世界性的眼光自我期許。《臺灣》雜誌創刊號的卷頭詞〈臺灣的新使命〉就指出，做為「地球之一部分的臺灣、人類之一分子的島民，應急起直追適應新時代，啟發精神的、物質的文化，從而貢獻於改造世界的大業」。

像這樣自我期許的文字，不斷出現在臺灣人的報刊中。例如林呈祿強調，開發臺灣文化並非只是為了個人的目的、三百五十萬人所構成的臺灣，或日本帝國的臺灣，而是「做為世界的一部分的臺灣」的觀念來開發臺灣文化，涵養公共的精神。王敏川以「雄飛天下，與世界文明民族，貢獻人類之進步文化」期許於臺灣青年。一九二〇年十月臺灣文化協會成立大會上，蔣渭水的致辭更是廣為周知，他認為「臺灣人握著世界和平的第一把鑰匙」，所以要奮起，達成使命。

但是，自許擔負著世界和平任務的臺灣人，文化上卻甚為落後。醫生出身的蔣渭水自我檢討之餘，如此描述臺灣人的「症頭」：

> 道德敗壞、人心刻薄、物質欲望強烈、缺乏精神生活、風俗醜態、迷信很深、思慮不遠、缺乏講求衛生、墮落怠惰、腐敗、卑屈、怠慢、只爭眼前小利、智慮淺薄、不知立永久大計、虛榮、恬不知恥、四肢倦怠、惰氣滿滿、意氣消沉、全無朝氣。（蔣渭水，〈臨床講義〉）

知識分子們希望過改造臺灣，首先指出臺灣主流文化活動中的反智性與落後性。一九二一年十一月《臺灣青年》刊出臺南文化人王開運的文章〈就普渡而言〉，指出普渡活動是迷信行為，一來使子孫陷於迷信，二來鋪張擺場、費錢財，三來珍饈鋪排敗壞、罔顧衛生，無一有利。此後，民報系列不斷刊出文章批評民間信仰活動，尤其一九二四年前後，火力更加猛烈。因為，這時期正巧許多民間迎神賽會活動接連進行，包括臺北市稻江慈聖宮建醮、桃園景福宮建醮、迎城隍、迎媽祖、迎王爺的賽會不斷，又極盡鋪張，《臺灣民報》因此炮聲隆隆，毫不留情地批判。黃呈聰等人指出，將禍福吉凶祈於鬼神，是反智、愚蠢的行為；民眾張羅祭品浪費錢財，不如用於濟貧。蔣渭水則認為，殖民政府袒護廟宇做醮委員、勾結特定紳商。

他們也質疑，總督府面對迷信行為，不但不加以開導教化，反而以公權力配合廟會活動，甚至任由大小官員出席祭拜捻香，此種鼓勵臺灣社會沉迷於此的做法，不知是何居心？他們擔憂，在殖民政府的縱容，臺灣紳商、廟祝委員們的共謀下，臺灣社會被集體麻醉，成為「迷信島」：

> 臺灣自風景上來說，是美麗島，自風俗上來說，卻是迷信島。我們在臺幾乎每日看見所謂善男信女，有的捧著香爐、提著紅燈，有的抬著神輿、捧著香枝，前頭必有吹打……希望官廳，與其傾力於文化運動的親臨監視，寧可多用一點工夫於撲滅迷信。更希望御用仕紳們，不要假借迷信做為巴結當局的手段，希望言論界少鼓吹迷信。最要緊的是，希望同胞不要久久執迷。

民間流行的戲曲歌仔戲，也是文化運動者批判的對象。他們認為歌仔戲的內容敗壞社會風氣，因為劇中歌詞多淫蕩、挑撥男女邪情；演員表情多猥褻、對白淫穢；男女演員素無文化、人格卑劣，甚至多不良分子，誘惑良家子弟墮入淫邪。為了使戲劇達到「寓教於樂」、「移風易俗」的目標，文化協會成員竟然自組劇團，播演「新劇」。一九二五年七月，南投草屯青年成立了赤峰演劇團；一九二六年十一月，新竹地區文協人士成立了新光劇團；一九二七年又有星光劇團、民聲社等劇團成立。可惜，這些富有「文以載道」任務的文化劇，與大眾娛樂、民眾情感格格不入，未能引起共鳴。

日本時代知識分子所推動的文化運動，流露出菁英主義的傾向，無法接納文盲社會的庶民文化。這與今日廟會活動、民間戲曲已被視為臺灣文化特色，情況已大不相同。

民報三黃

《臺灣民報》中不時出現豐富生動的政治、文化論述，有賴報社的中堅筆陣。其中三位重要的寫手，都出身於早稻田大學，更巧的是，三人都姓黃。

黃呈聰是彰化線西人，一八八六年生。父親黃秀兩是位地主、資產家，黃家一直是總督府籠絡的對象。黃呈聰自總督府國語學校畢業後，曾被任命為線西區長、庄長，還得過紳章。

但他認為在日本統治下，臺灣人總是矮人一截，深感屈辱卻苦無出路，終於在三十歲這年下定決心，前往日本早稻田大學政治經濟科求學。重拾書本的老學生黃呈聰找到施展空間，一九二〇年新民會成立時，他當選幹事，一九二一年又當選臺灣青年會會長，決定「揮別過去消極的生活方式」、「獻身改造臺灣」。也在這一年，父親舉家族移居中國漳州。

黃呈聰擔任《臺灣》、《臺灣民報》的編輯，與林呈祿一起負責社論、評論等工作，筆名劍如。他也參與臺灣議會設置運動，擔任臺灣文化協會理事。

一九二五年五月黃呈聰的生涯出現巨大轉折。這年他到福建漳州，因為接觸中國社會，更深刻感受到臺灣與中國的差距，陷入「進不能為純日本人，退不能為純中國人」的精神痛苦之中。他轉而寄望從宗教中尋求慰藉，加入真耶穌教會，受洗入教，漸漸脫離政治社會運動，並將真耶穌會引進臺灣。因為信仰虔誠，還把老家改建為教堂，以「黃以利沙」之名傳福音，又陸續在牛挑灣、清水等地建立教會。直到一九三二年才再度回到社運圈，出任《臺灣新民報》的社會部長，晚年經商，仍然熱衷傳教活動。

黃周，彰化和美人，一八九九年生，總督府國語學校畢業，曾任彰化公學校教師，又到早稻田大學政治經濟科留學。他也長期參與報務，筆名醒民，曾擔任《臺灣民報》記者、《臺灣新民報》漢文部主任、編輯總務及整理部長、學藝部長等職務。一九三〇年代，他到中國居留一段時間，擔任《臺灣新民報》上海支局長、廈門支局長。戰爭時期他曾被統治當局任命為彰化市會議員，戰後擔任過臺中縣大屯區區長。但是，二二八事件之後，完全退出公共領域。

黃朝琴，臺南鹽水人，一八九七年生。他於一九二三年自早稻田大學政治經濟科畢業後，到美國伊利諾大學深造，自此脫離了臺灣抗日政治運動行列，成為早期的「祖國派」。在取得政治學碩士學位後，黃朝琴前往中國，進入國民政府外交部工作，從科員、科長，到駐印度加爾各答總領事。

一九四五年戰爭結束，黃朝琴以國民政府外

民報三黃，黃呈聰（左）、黃周（中）、黃朝琴（右）。

交部駐臺灣特派員兼臺北市長的身分回到臺灣，這位重慶回來的政治新貴，獲得行政長官陳儀的支持，與林獻堂競爭臺灣省參議會議長職位，後者雖有「臺灣議會之父」稱號，也只能退讓。黃朝琴持續擔任臨時省議會、臺灣省議會議長達十七年之久，成為戰後「半山」的典型。

黃呈聰、黃周與黃朝琴，並稱「民報三黃」，以筆為劍，對該報的論述貢獻最多。這幾位民報寫手，都是早稻田大學政治經濟學部畢業生。不同於東京帝國大學以培養國家官僚人才為目標，早稻田大學標榜在野精神、自由學風，意外地為殖民地菁英提供了豐富的思想訓練。

「思想惡化」的彰化

從臺灣議會設置請願運動、臺灣文化協會，到《臺灣民報》為主的反抗運動中，其主要成員大半來自中部地區，尤其以彰化人最多。日本時代彰化子弟大量參與政治運動與文化運動，反抗殖民統治，而成為官方眼中最頭痛的地區，日本官方報刊《臺灣日日新報》就曾指控彰化是「思想惡化」的地方。

臺灣文化協會早期幹部與主要會員五十二人中，中部地區人士超過半數，尤其彰化人占了二九％，比例相當高，如會員林伯廷、甘得中、王金海、石錫勳、許嘉種、施至善、吳蘅秋、李崇禮、莊太岳、丁瑞圖、丁瑞魚、陳虛谷、葉榮鐘、葉廷珪、莊垂勝、賴和、林糊、楊木、林篤勳、吳清波、吳石麟、林篤勳、李應章、謝廉清等等，都來自彰化。《臺灣民報》的筆陣中，黃呈聰、王敏川、黃周、謝春木、賴和等彰化子弟也扮演重要角色。一九二〇年代中期以後，社會主義思想盛行，彰化子弟王敏川、許乃昌、蔡孝乾，黑色青年陳崁、蔡禎祥等人活躍一時。彰化與臺北兩處，成為無產青年聚集之地，並影響日後政治運動的走向。

王敏川，一八八九年生，早稻田大學政治經濟科畢業，臺灣青年會會員，並擔任《臺灣青年》等報刊的編輯，筆名錫舟。他也擔任文化協會理事，曾因治警事件繫獄。文化協會分裂後，王敏川是左

彰化文協會員群像，左起李中慶、詹椿柏、施至善、王敏川、吳石麟、賴和。（賴和文教基金會）

傾化新文協的重要幹部，他退出地主資產階級經營的《臺灣民報》，前往東京主辦共產主義路線的《臺灣大眾時報》，因日方嚴密取締而停刊。一九二九年他更領導新文協，將連溫卿等溫和社會主義者逐出文協，文化協會日益激進之下，一九三一年日本官方發動大逮捕而入獄。左翼青年領導者王敏川入獄六年期間，健康情形惡化，出獄兩年後於一九四二年去世。

許乃昌，一九〇六年生。父親許嘉種活躍於臺灣文化協會、臺灣民眾黨等政治運動，因不想兒子受日本人的教育，將十六歲的許乃昌送到中國上海濟南中學就讀，再進入上海大學。

受到父親影響，十七歲的許乃昌就已對政治活動十分熱衷。在上海大學就讀時，他與蔡惠如、彭華英等人組織上海臺灣青年會；又與林坤堯、張沐真等人共組「平社」，發行《平平》旬刊；並和朝鮮人成立臺韓同志會，反對日本帝國主義，呼籲臺灣、朝鮮民族共同鬥爭。

年紀輕輕的許乃昌常以秀湖、秀湖生、沫雲等筆名在北京、上海、東京的刊物上發表文章，因此受到北京大學教授、中國共產黨創始人陳獨秀的賞識，推薦他進入莫斯科東方勞動者共產主義大學。

許乃昌是第一位被共產國際安排到莫斯科學習的臺灣人，赴俄時才十八歲，他向第三國際提出了日文寫成的〈臺灣情勢報告書〉，除敘述臺灣地理、政治等背景外，也說明左翼分子在臺灣、日本、上海的活動情形，成為共產國際最早獲得的臺灣相關第一手資料。根據許乃昌的報告書，一九二四年四月臺灣中部地區就已經籌組共產主義運動團體「赤華黨」，但因總督府當局嚴密監視，很快地移往上海開成立大會。赤華黨黨員四十九人，其中有十二名勞動者，其餘都是知識分子。

據許乃昌所稱，赤華黨成員包括：彰化人賴維種，臺中商業學校畢業後到北京求學；王傳枝是新聞記者；臺中大雅人張煥珪，臺中中學畢業，是霧峰林家林烈堂的女婿，日後創立了新民商工，也是中央書局董事長；吳沛然，臺中人，曾捐助臺中中學的創設，實業家；謝廉清，彰化人，臺中商業學校畢業，一九二三年入北京朝陽大學，是《臺灣民

由左至右，十八歲、十七歲、十四歲的許乃昌。（許世珍女士提供）

報》北京通訊員，一九二四年赴莫斯科東方勞動者共產主義大學；蔡炳曜，臺中清水人，蔡惠如的長子，早稻田大學畢業，後長期滯留北京。

到莫斯科學習的許乃昌，難以適應俄國酷寒天候，不斷生病，只好休學。一九二五年八月，許乃昌自俄國歸來、進入東京，日本警方對他展開調查。他編了一套故事，交代自己如何到俄國，順利通過日本警方的盤問。警方調查報告書還標記著「許乃昌，十九歲」。

進入日本之後，許乃昌又是一尾活龍。他先在正則英語學校就讀，再進入日本大學，與東京帝國大學商滿生、高天成、中央大學黃宗堯、日本大學楊貴（楊逵）、楊雲萍等人，在「帝大新人會」的指導下研讀馬克思主義，並成立「臺灣新文化學會」。

一九二六年，許乃昌與陳逢源在《臺灣民報》上掀起「中國改造論」大論戰，戰況如火如荼。面對陳逢源等資深老手，他毫無懼色，侃侃而論，批評地主資產階級的資本主義路線，主張臺灣應該選擇社會主義路線，聯合無產階級，對抗日本帝國主義壓迫。一九二七年三月，東京臺灣青年會在他主導下成立「社會科學研究部」，吸收左翼青年加入，最後造成臺灣青年會左右分裂。

不過，中日戰爭煙硝漸起的時刻，許乃昌逐漸「轉向」。因為父親許嘉種的安排，他進入資產階級主辦的《臺灣新民報》工作，該報社會主任黃呈聰與許嘉種是文化協會的老戰友，因欣賞許乃昌的才華，將長女黃錦繡許配給他。一九四五年日本戰敗後，許乃昌在戰後初期臺灣文化界扮演重要角色。許乃昌正是前日本臺灣獨立聯盟主席、前駐日代表許世楷的大伯父。

彰化的社會主義運動盛行，彰化無產青年更與臺北無產青年齊名，蔡孝乾是其中的知名人士。蔡孝乾，彰化花壇人，一九〇八年生。一九二〇年代就讀國共合作的產物上海大學社會系，成為左翼青年的養成過程和許乃昌如出一轍。他與蔡惠如、彭華英、許乃昌等人成立上海臺灣青年會、共產主義色彩濃厚的「平社」，也積極向《臺灣民報》投稿，並與張我軍並肩參與新舊文學論戰，又聲援許乃昌、大戰陳逢源的「中國改造論」論戰。一九二八年四月臺灣共產黨在上海成立，蔡孝乾雖未出席，卻仍被選為五位中央委員之一，並成為三名中常委之一。

一九二八年臺灣共產黨被日警破獲，蔡孝乾先是躲藏到廈門、漳州等地，一九三二年與彰化同鄉施至善等人參加了中國共產黨的「兩萬五千里長征」，深入延安，曾擔任過八路軍總政治部抗敵工作委員會主任，是中國共產黨之中職位最高的臺灣人。

戰爭結束後，一九四六年初中國共產黨派他回到故鄉臺灣發展組織，二二八事件後臺灣人對國民黨政府失望，共產黨組織得以快速發展，至一九四九年，中國共產黨臺灣省工作委員會大約吸收了一千三百名黨員。但是，一九五〇年蔡孝乾被捕後，卻將所有地下黨員招出，使得各地組織一一被破獲。蔡孝乾變節出賣同志，換取一己安享餘生，晚年擔任國防部情報局匪情研究室少將副主任。

社會改造、婦女解放

臺灣文化運動追求三大解放，民族解放、階級解放、婦女解放。一九二七年一月三十日的《臺灣民報》第一四二號所刊載〈臺灣解放運動的考察〉這樣說：

> 數年來臺灣解放運動發生的順序，是由民族的解放著手，而漸進入無產者解放，而後婦女的解放運動。……臺灣解放運動第一個組織臺灣文化協會，所推動的提高臺灣文化的內容，就是臺灣人民族解放的準備。要先充實人民程度、提高知識水準，才能要求與日本人同等的權利、平等的待遇。第二個，臺灣議會設置請願運動，就是正式的民族解放——自治的運動。
>
> 以後出現的無產青年，旗幟鮮明，是階級色彩明顯的階級運動。……為農民解放的農民組合運動，事事為了擁護農民的階級利益……工人階級的解放運動也已經興起。

婦女解放運動最後發生，諸羅婦女共進會、臺北無產青年女子部，已經是不可看輕的女子解放先驅。（改寫自〈臺灣解放運動的考察〉）

早在一九二〇年八月，彭華英就已經於《臺灣青年》發表了〈臺灣有婦女問題嗎〉一文，點出東洋社會，尤其是臺灣，仍未脫陋習，兩性關係大有改進之必要。此後，《臺灣民報》大量討論婦女議題，批評臺灣社會的父權結構，買賣婚姻、嫺婢制度、續妾制度等等都是對女性的歧視與壓制。文化運動者如黃周、黃呈聰、王敏川等人，也公開主張「有責任感的自由戀愛」、提倡女子教育、培養謀生能力、經濟獨立，進而廢除娼妓、改善婚姻制度、改造社會、追求男女平等。

因為文化運動的啟蒙與倡議，臺灣各地出現許多婦女團體，一九二五年起，彰化婦女共勵會、諸羅婦女協進會、宜蘭婦女讀書會、高雄婦女共勵會、汐止婦女風俗改良會、苗栗婦女讀書會、臺南婦女青年會、臺中婦女親睦會等在各地陸續成立，以改革社會陋習、追求婦女地位向上為目標。其中最活躍的是彰化婦女共勵會，會員約四十多人，每月第一個星期日召開例會，學習漢文、日文、羅馬臺灣話文，安排進步女性演講，並組織體育會，號召女性注重體能訓練、鍛鍊強健體魄。諸羅婦女協進會成員有三十多人，不定期舉辦演講，鼓吹女性覺醒。

儘管這些時代女性想要呼應時代、掙脫牢籠，試圖與男人一樣站上講臺表達心聲，但是，當她們鼓起勇氣上臺時，仍然要面對抱著看好戲心態的運動同志與喧譁笑鬧的男性聽眾，輕薄起鬨、品頭論足，實在讓人氣結。

即使如此，二〇年代的婦女運動，終究出現了活躍新女性。張麗雲，號群峰，廈門集美女子師範學校畢業。一九二五年六月，她在《臺灣民報》發表〈我所希望於臺灣女界者〉，認為臺灣男性為求解放而奮起，但臺灣女性卻仍在酣甜睡夢中，因此提出九點期望，鼓勵臺灣女性們打破舊習、向真理前進，可說是臺灣女性解放的宣言。此後她積極在民報上發表言論，也應邀演講，推動婦運不遺餘力。一九二九年二月三日，張麗雲與臺灣民眾黨臺南支部書記胡金碖結婚，在婚宴邀請函中聲明：「我們的結婚不用聘金；不用賀禮；不注重一切形式。」被《臺灣民報》推崇是「前所未有的聲明」、「新時代男女結婚的參考」。

一九二六年二月，葉綠雲以「玉鵑」為筆名，在《臺灣民報》上發表〈猛醒吧！黑甜鄉裡的女青年們〉，控訴傳統婚姻的毒害、批判男尊女卑價值觀，並簡介世界各國的婦運成果，引起矚目。葉綠雲是臺北人，一九〇八年生，因母親改嫁，改名謝玉葉。雖然家境清苦，卻堅持上學讀書，在第三高女（今中山女中）期間，因景仰蔣渭水的抗日運動，常常出入臺灣文化協會，成為活躍的臺北無產女青年。一九二五年，謝玉葉與同學黃細娥參加文化協會活動，幫忙散發反日傳單，遭到警察傳訊，被第三高女開除學籍。她輾轉到上海，獲得同是大稻埕黑色青年翁澤生的幫忙，進入上海大學，並在翁的介紹下加入中國共產黨。這時，她改名謝志堅，並以謝玉鵑為筆名，在《臺灣民報》上密集撰文，筆調尖銳、頻頻與傳統文人打筆仗。一九二六年秋天，他與翁澤生結婚，但也與同為共產黨同志的潘欽信展開複雜的三角戀情。

蔡阿信據說是臺灣女性在公開場合演講的第一人。她生於一八九九年，自東京女子醫學專門學校後，返臺服務於赤十字醫院，是臺灣第一位女醫生，一九二四年與彭華英結婚時，連官方報紙《臺灣日日新報》都大幅報導。一九二五年，她到臺中開設清信醫院，一九二八年又創辦產婆學校，為臺灣社會培育超過五百名以上的助產士。

蔡阿信不僅醫術受到肯定，也成為成功的職業婦女典範，一九三〇年

蔡阿信

底，《臺灣新民報》舉辦臺灣五州七市議員模擬選舉，以一四四四票獲得最高票支持。蔡阿信事業成功、社會聲望高，對她的夫婿彭華英造成極大壓力。彭華英雖是活躍的社會運動家、最早的婦女解放主張者，仍舊無法克服外在與心理的障礙，兩人的婚姻以離異收場。戰爭時期，彭華英進入中國華北發展，另娶一女伶再組家庭。阿信則在一九三八年前往美國哈佛大學醫學院進修，再前往加拿大，但她的日本籍身分在太平洋戰爭爆發後遭到行動限制，直到一九四六年才返臺。不久又目睹二二八事件，選擇逃離故鄉，一生坎坷，客死加拿大。

一九二〇年代，隨著文化運動與知識啟蒙，臺灣社會大眾被喚醒，從菁英的反抗擴散為工農階級運動。同時，受到來自日本國內與國際思潮的影響，社會主義、共產主義抬頭，反對陣營內部逐漸出現思想對立、路線衝突，臺灣社會運動不知不覺中已走到轉型的十字路口。

第五章

統治者的對策

過去，總督府對付臺灣社會反抗行動，直接訴諸武力鎮壓，從不手軟。一九一五年七月，余清芳、江定等人在臺南新化、左鎮等地發動攻擊，燒毀警察局、殺害十幾個警察，並以天命氣數神明之說，鼓動人民起義，推翻日本統治。從臺灣總督府的眼光來看，這顯然是以怪力亂神之說陰謀叛亂，乃出動正規軍隊與新式武器清剿，噍吧哖一役反抗者死傷無數，十數個村莊受戰火波及，事件後村中幾乎看不到成年男子。

但是，一九二〇年代以來，總督府面對的是一個全新的反抗型態：這些反抗者並非社會底層的勞苦大眾，反而多是地主、仕紳、知識分子；他們不訴諸武裝暴力，而是以文字、演說為手段；他們並未主張推翻日本統治，而是要求獲得帝國人民應有的權利與地位。他們的訴求與行動完全合法，總督府有什麼理由禁止？遇上這樣前所未見的反抗行動，總督府當局一時之間，還真不知道該怎麼應付。

軟硬兼施

在東京展開的臺灣議會設置請願運動，從早先的一七八人連署，運動擴展開來、一次比一次熱烈，愈來愈多地主、仕紳、知識分子參加，其中還有不少人是與總督府關係良好、享有專賣等特權的仕紳。眼看著反對運動聲勢即將坐大，總督府只能摸索著各種手段，試圖使仕紳階級退出運動。

最初，臺灣總督府試圖對臺灣文化協會總理、臺灣議會請願運動領導人林獻堂發動溫情攻勢。彰化街長楊吉臣是林獻堂的妻舅、也是文協會員，官方利用他勸導、慫恿林獻堂放棄運動。又透過林獻堂的堂兄林烈堂加以勸諫、曉以利害。甚至由總督府總務長官賀來佐賀太郎、臺灣總督田健治郎親自出馬。同時，也對蔡惠如加以勸導，說明運動的後果。但這些努力都未見效。

接著，總督府也對參與議會請願連署的仕紳施壓，凡是享有專賣特權者、公家機關任職者，若不退出運動，將會受到懲罰。彰化街長楊吉臣、臺中區長林耀亭、豐原的廖天三等人被吊銷鴉片批發權，南投施學賢被吊銷食鹽批發權。多位具有公職者，因參加運動者而被免職，如彰化街長楊吉臣、彰化線西庄長黃呈聰被解除職務，林獻堂也被免除總督府評議員職務。任職公教機關者也都受到壓力，臺南醫院職員簡仁南、彰化郵局職員蔡添喜、北斗公學校教師林汝直、彰化中學教師施至善等人陸續被免職。

甚至在民間企業任職者也受到無情的打擊，例如原本任職彰化溪州林本源製糖會社的葉榮鐘被開除。活躍於文化協會的宜蘭醫生石煥長、彰化醫生賴和，則以違反藥物使用規定的罪名遭拘留。

總督府的強勢作為，確實令臺灣文化協會會員感受極大壓力，不少人因而退出。文化協會中的學生會員，也被校方要求退會，尤其臺北師範等學校發生學潮之後，官方更大力施壓，致使文化協會會員人數銳減。

另一方面，三大日本人報紙《臺灣日日新報》、《臺灣新聞》、《臺南新報》則發動攻擊、謾罵攻訐，指責參與請願運動的仕紳們「不知皇恩、不圖報答」，「思想錯誤、虛榮心作祟。」

一九二二年八月，彰化八卦山上北白川宮能久親王紀念碑上的「王」字遭到破壞，警方認為有人故意褻瀆親王，是為「大不敬之罪」，大舉展開搜捕，牽連二十多人，屈打成招。警方虛構霧峰林朝棟之子林季商正著手募兵，企圖發動臺灣革命。密謀武裝革命，這可是要殺頭的罪啊！然而，由於案情太過荒唐，連檢察官都不相信，調查後僅以竊盜罪草草了事。儘管如此，這個「王字事件」、「募兵事件」已使中部地區人心惶惶，尤其是霧峰林家首當其衝。

八駿馬事件

眼看著周遭情勢極為不利，林獻堂有些心慌意亂。就在此時，臺中州知事長吉德壽透過林獻堂妻舅楊吉臣安排，力勸他與總督見面，希望斷絕他繼續支持議會運動的念頭。一九二二年九月二十九日林獻堂偕同楊吉臣、林幼春、甘得中、李崇禮、洪元煌、林月汀、王學潛等八人，一同前往總督官邸，會見田健治郎總督。

「臺灣議會設置運動與總督府的同化主義政策背道而馳，帝國政府不可能接受，無論請願幾十百次，帝國議會也不會同意。明知徒勞無益，何不斷然停止，以免勞民傷財？」田總督訓示。

「尤其，臺灣議會運動源自民族自決主義，充滿革命氣息，無異撒下揭反旗的種子，與帝國統治方針相反，是斷不容其實現的！」總督連「揭反旗」這樣的字眼都說出來了，措辭相當嚴厲。

「總督之意，我甚理解。但，臺灣議會運動乃是東京留學生與其他同志們的共同行動，運動是否停止，並非我一人所能決定。總督若希望運動停止，何不親自傳喚同志，一一諭示？」林獻堂婉轉表達，將壓力轉嫁總督。

「請願乃帝國憲法所保障的人民權利，我不能阻止。」總督回答。

面見總督未獲結論，怎知此事竟是一場陰謀，官方放出來的消息全然變了樣。

林獻堂見了田總督不久，同志間就流傳著各種謠言：

「林獻堂已經屈服，向田總督保證停止臺灣議會請願運動了。」

「臺灣銀行承諾不催繳林獻堂的貸款。」

「總督府酬庸林獻堂三百甲土地，換取他退出議會請願運動！」

東京《讀賣新聞》也刊出，林獻堂向臺灣銀行貸款二十餘萬，因股價暴落，提供的抵押品不足償還借款，臺銀要求他退出議會設置請願運動，否則必須立即清償債務。

這些風言風語引起東京同志們的猜疑，尤其是血氣方剛的青年一輩對林獻堂交相批評，連屢次協助臺灣議會請願的眾議院議員田川大吉郎都透過蔡培火向林獻堂轉達：「臺灣議會請願運動不是一兩次的請願，就可以成功，閣下必須要有不貫徹目的、絕不終止的心理準備。」

在臺北的蔣渭水也對林獻堂感到失望，甚至對朋友大大抱怨：

「因為害怕官方威勢，就自動撤下旗幟投降，這樣的人不是人格自殺，是什麼？」「林獻堂、楊吉臣等人軟弱至此，不如將這些人排除在運動之外，完全以純潔的青年為運動主力，方可達成目標！」

受到同志嘲諷猜忌的林獻堂，甚為灰心，一九二三年二月第三次臺灣議會請願，他並未在請願書中連署，而由蔣渭水、蔡培火領銜前往東京。請願運動也因為官方的威逼脅迫、軟硬兼施，連署人數也由第二次請願的五一二人驟減為二一八人。

林獻堂等八位仕紳面見田總督之事，被嘲諷為「八駿馬事件」，意指八人受田總督這位伯樂所賞識。一九二三年八月，《臺灣》雜誌刊載了柳裳君所撰的小說〈犬羊禍〉，諷刺林獻堂。小說中老羔羊（楊吉臣）見太平犬（辜顯榮）飽食享受，與之爭食為禍，羊角觸傷任三爺（林獻堂），暗喻林獻堂受楊吉臣所惑。飽受同志誤解、並遭輿論嘲諷的林獻堂，心寒之餘，停止所有政治活動。「八駿馬事件」造成反對運動內部相互猜疑，總督府的分化策略初步奏效。

青年一輩的蔣渭水、石煥長等人，則受到林獻堂「八駿馬事件」的刺激，一九二二年十二月另外成立了「臺灣議會期成同盟會」，決心「以意志堅強的青年、與官方全然無關係者」為團員，取代林獻堂等地主階級，強力推動議會請願運動。但這個政治團體馬上被臺北市北警察署下令禁止。沒想到，蔣渭水等人趁著上京請願之際，向東京早稻田警察署提出結社申請，竟然獲得通過，一九二三年二月二十一日在牛込區若松町《臺灣》雜誌社舉行成立大會。

臺灣總督府官員眼看著殖民地人民竟敢不顧禁令一意孤行，繞過總督府到東京組成政治團體，這豈不是公然挑戰官方威信？如何能容忍？總督府警務局決定採取強硬手段。這年年底，發生了震動全臺的「治安警察法違反事件」（治警事件）。

拂曉大逮捕

一九二三年十二月十六日，臺灣總督府以迅雷不及掩耳的手段，進行全島大逮捕。全臺共有四十一人被拘捕，五十八人受到搜查或傳訊，一時之間，風聲鶴唳、人人自危，以為噍吧哖事件即將重演。

葉榮鐘得知消息，匆匆打電話給正在關子嶺溫泉渡假的林獻堂，報告同志被逮捕情形。林獻堂立即下山返回臺中，安排被押同志的鋪蓋衣食，並撫慰驚惶未定的家屬。

逮捕行動經過臺灣總督府周密策劃、保密進行，為免消息走漏，島內外通訊交通都在控制之中，街頭巷尾、公共場所都有特務站崗監視。此刻，最難的是，如何將消息傳出島外以尋求援助？林獻堂將此重任交付給祕書葉榮鐘。

葉榮鐘是彰化鹿港人，一九〇〇年生，曾受書房漢文教育、公學校教育。因恩師施家本的引介，獲林獻堂資助赴日，入中央大學政治經濟科。一九二一年返臺，在彰化溪州林本源製糖會社工作，卻因參與議會設置請願連署而被革職，後擔任林獻堂祕書兼日文翻譯，追隨他從事政治社會運動。

為了躲過監視，葉榮鐘利用中午特務用膳的間隙，騎著腳踏車飛奔到追分，居然突破警網搭上北上的快車，夜間抵達臺北。他不敢投宿旅館、也不敢到同志家裡，一路來到臺北醫專的學生宿舍，找到就讀醫專四年級的鹿港同鄉丁瑞魚。當時留宿外人在醫專學生宿舍，這是犯規的行為，但丁瑞魚知道茲事體大，冒著被學校開除的風險掩護葉榮鐘，並幫忙謄寫了幾份文稿。

趁著暗夜星月無光，葉榮鐘拜訪《朝日新聞》駐臺特派員蒲田，請將事件經過轉告東京本社政治部部長神田正雄，迅速將消息披露。又到大稻埕大安醫院，請蔣渭水的弟弟蔣

擔任林獻堂祕書兼通譯時期的葉榮鐘
（國立清華大學圖書館珍藏資料）

渭川取消策劃中的工友總聯盟示威行動，以免刺激總督府當局，造成更大的犧牲。近午夜返回學生宿舍，丁瑞魚已在門口緊張不安地守候多時。

翌日一早，葉榮鐘又潛到基隆碼頭，找到神戶基隆間固定航班「因幡丸」一位相熟的茶房，將三封密函託給他，待船一抵達神戶，就上陸將信件投郵，分寄東京臺灣青年會、《臺灣民報》的林呈祿、明治大學的莊垂勝。東京的同志們一接到消息，立刻緊急開會，並向日本朝野呼籲，解除臺灣總督府的封鎖措施，結束恐怖統治。因為消息已曝光，總督府只好准許保釋，依法行事。

三好一八的暴論

一九二四年七月二十五日起的兩週，治警事件在法庭上公開審判，共有蔣渭水、石煥長、吳清波、林伯廷、蔡年亨、林篤勳、林幼春、鄭松筠、韓石泉、陳逢源、吳海水、蔡培火、石錫勳、林呈祿、王敏川、蔡式穀、蔡先於、蔡惠如等十八人被起訴。

治警事件引起全臺民眾高度關注，每次開庭，清晨不到五點鐘，群眾就排隊鵠立在臺北地方法院前等候，旁聽票在十幾分鐘內全部售罄。買不到旁聽票的民眾圍聚張望，使得法庭外也擠得水洩不通，《臺灣民報》則做了大幅的報導。

三好一八是臺北地方法院檢察長，也是起訴此案的檢察官。他在庭上的陳述充滿惡意：

有關臺灣的民情，支那的李鴻章在訂定《馬關條約》時就已指出，臺灣是「三年一小反、五年一大叛」，對官方經常採取反抗的態度。日本領臺後亦然，叛亂事件到大正年間仍持續不斷。……此次事件就是本島人對內地人及在臺官憲的反抗行動，目的是從日本人手中奪取臺灣。

日本帝國對於臺灣施行內地延長主義，實在是過於恩典。印度為英國的殖民地，一百五十年後方得自治；日本領臺後二十五年就給予地方制度改正。臺灣人竟不知感恩，反對總督府的同化政策，要求殖民地自治權利，不但過於不遜，且不知量力。

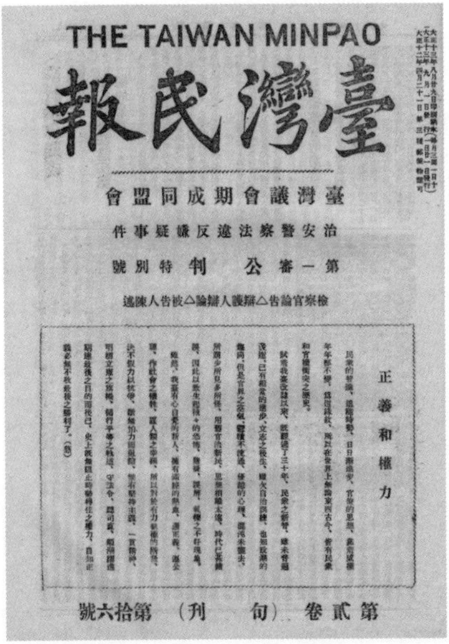

《臺灣民報》治警事件審判特別報導

他愈說愈生氣，竟聲色俱厲地怒斥：

臺灣人如果排斥同化政策，反對內地延長主義，不願做日本國民，除了退出臺灣，別無他途！（改寫自三好一八，〈治警事件法庭論告〉）

這個外來統治者，竟粗暴地叫囂「不滿統治的人滾出臺灣」，完全缺乏基本的法治素養，言詞之中盡是「乞丐趕廟公」的蠻橫。《臺灣民報》社論忍不住反唇相譏：

國民的政治運動，乃是國民的權利，也是國民的義務。怎麼三好一八檢察官竟然公然對從事政治運動的臺灣人叫囂，要人退出臺灣？這句話實在是非同小可呀！簡要地說，說出這種話，表示母國人的度量太狹小，表示臺灣政治退步，並且嚴重危害內地人與臺灣人的情感融和。這句話就是像對臺灣人罵「清國奴」一樣，嚴重傷害本島人的感情。……（改寫自《臺灣民報》社論，〈這句話非同小可！〉）

法庭論辯經過報導，成為民眾茶餘飯後的話題。三好一八貶抑臺灣人要求民權的政治運動，卻對御用仕紳辜顯榮推崇有加。他說：「被告之中有許多人崇拜印度的顏智（甘地），臺北港町文化協會的讀報社就掛著顏智的肖像，但顏智曾在南非戰爭中為英國而戰，是非常效忠英國的人。你們不以親英的顏智為榜樣，卻只學他反抗英國。」所以，他的結論是：「臺灣如果有顏智，應該是辜顯榮這樣的人！」

辜顯榮是「臺灣的顏智」，人們當作笑料議論著，臺南詩人謝星樓寫了一首打油詩：

辜顯榮比顏智，
番薯簽比魚翅，
破尿壺與玉器。

受難英雄

治警事件一審經過九次開庭，於一九二四年八月十八日上午宣判，審判長堀田真猿宣告「檢察官起訴證據不充分，判決十八名被告等全部無罪」。他並且發表談話，反對檢察官以違反《治安警察法》提出告訴。堀田審判長特別提醒，此事件的罪刑最高不過是徒刑六個月，或是罰鍰百圓以內，以這樣的罪刑對議會運動者提告，將傷害內地人與本島人之融和，可說是因小失大。

不過，並不是所有法律人都如堀田審判長這樣想。三好一八檢察官得知判決，認為此次宣告無罪，將增長反對運動氣燄，「非再上訴不可！」一九二四年十月二十九日上午，高等法院宣布第二審判決結果，推翻了堀田審判長的主張，眾人分別被判刑：

徒刑四個月：蔣渭水、蔡培火。

徒刑三個月：林幼春、陳逢源、林呈祿、蔡惠如、石煥長。

罰鍰百圓：蔡式穀、蔡年亨、鄭松筠、林篤勳、林伯廷、石錫勳。

無罪宣告：韓石泉、吳海水、吳清波、王敏川、蔡先於。

日本統治時代的治警事件全島震動，但經過司法程序，反對運動人士最終只被判處最高四個月的刑期。日本殖民當局就算再暴戾，仍遵守法治原則進行審判，開明與保守的法律人有機會在法庭公開論辯，殖民地反抗者也得以充分陳述己見。開明的法律人如堀田真猿審判長反對以法律做為政治工具，判處十八名被告全部無罪。臺灣人的政治結社，最後以「違反治安」的罪名，判處三到四個月的刑期。

治警事件二審公判後被告與辯護律師合影（《蔡式穀行迹錄》）
前排：辯護律師渡邊暢（左三）、清瀨一郎（左四）、葉清耀（左五）。
二排：吳清波（左一）、石錫勳（左二）、蔡惠如（左三）、林呈祿（左四）、蔡式穀（左五）、韓石泉（左六）、吳海水（左七）、陳逢源（左八）、林篤勳（左十）。
後排：蔣渭水（左一）、賴和（左二）、石煥長（左三）、王敏川（左四）、鄭松筠（左五）、蔡年亨（左六）。
特寫：林幼春（左一）、蔡培火（左四）等。

同樣的場景在五十五年後重演，但結果大不相同。一九七九年美麗島事件發生，國民黨政府對反對運動人士發動大逮捕，隔年進行軍法審判。這次，黨外運動人士並未如日治時期的前輩們組織政治結社，只是在高雄舉辦戶外遊行，就被以「叛亂罪」起訴。更恐怖的是，已經被捕的林義雄家中竟被侵入，老母親與雙胞胎女兒被殺害，臺灣社會為之戰慄。在國民黨統治下，司法人員全部噤聲，沒人像日本時代的堀田審判長一樣勇於做出良心判決。美麗島事件八名軍法被告分別被處以無期徒刑到十二年有期徒刑的重刑；另有三十多人遭到司法審判，判處不等刑期。

治警事件中被判有罪的十三人立即向高等法院上訴，一九二五年二月二十日，第三審被駁回，維持二審判決。由於辯護律師已預料上訴將被駁回，臺北青年準備舉行盛大歡送入獄的計畫。警方探知消息，不讓反對運動者與群眾有任何機會，宣判之後，立即將蔣渭水押入臺北監獄。同日，蔡培火、陳逢源收押於臺南監獄。

臺北的入監惜別會被警方破局，卻在臺中上演。因腳傷在外的蔡惠如，二十一日從清水出發到臺中監獄，一路上民眾綿延簇擁，跟隨到清水火車站，也有人同車護送到臺中的。蔡惠如從臺中車站步行到臺中醫院探望將入監的林幼春，群眾沿途隨行，愈聚愈多，甚至燃放鞭炮以示惜別。最後，臺中警察署長只得親自騎馬到現場指揮警察驅散民眾，民眾散而復集，至臺中監獄門口。蔡惠如向民眾揮手道別，民眾也高呼「萬歲」相應。蔡惠如的獄中詩，生動描寫這段過程：

清水驛，滿人叢，握別至臺中，
老輩青年齊見送，感慰無窮。

從一九二三年到二五年，蔣渭水因治警事件兩次入獄，他說「入獄實在像入學」，將入獄當作積極進修的機會。他在獄中大量閱讀，自修完成早稻田大

蔣渭水因治警事件兩次入獄，圖為一九二三年蔣被逮捕後遭拘留六十四天後第一次假釋。立者中間四位未戴帽者為被告，由左至右分別是鄭松筠、石煥長、蔣渭水、蔡培火。（蔣渭水文化基金會）

學政治經濟學科講義錄，吸收社會主義思想。出獄後的蔣渭水脫胎換骨、更甚以往，過去在《臺灣民報》上多從事新聞翻譯的他，出獄後已能滔滔論述，並成為社會主義路線的支持者。

恐怖的鎮壓行動雖然對運動打擊一時，卻塑造出一個一個臺灣英雄，出獄之時，不僅同志熱烈相迎，也受到民眾景仰與支持。入獄，成為政治運動者的光榮勳章。治警事件中被逮捕但無罪釋放的彰化醫師賴和，對自己竟成為「英雄志士」，大感意外：

> 一死原知未可輕，吾身不合此間生。
> 如何幾日無聊裡，已博人間志士名。

總督府方面也發現下錯了這著棋，治警事件之後，官方報告中指出「下獄者反成為志士，名重一方，普遍受到青年學生的景仰，聲譽鵲起，對運動反呈推波助瀾之勢」。對於治警事件在一九二〇年代政治運動中的意義，謝春木這麼說：

> 因最高四個月刑期的監禁，反而使得四百多萬同胞覺醒，促使他們更加積極奮起，並博得國內外的同情。……這是一次非常廉價的宣傳，這次事件是社會運動史上的第一座高

峰，越過了山峰，平原自然就在面前了。（謝春木，《臺灣人の要求》）

這一回合交手失敗之後，總督府當局想起先前八駿馬事件的分化策略，使林獻堂在運動陣營受到懷疑、排擠；反而是治警事件的高壓手段，又促使林獻堂重新出馬領導議會請願，再次團結，反對運動聲勢大漲。

總督府領悟到，「破壞文化協會的手段，若由外部施加壓迫，反使內部鞏固團結。毋寧使內部發生內訌，造成潰裂，始為良策。」

在治警事件發生前，總督府警務局就已對臺灣文化協會密切監視調查。一九二三年八月，總督府警務局綜合各地警方調查，提出〈各州狀勢調查結果〉指出：

一、文化協會幹部林獻堂以下十數人，民族自決信念堅定，毫無轉寰餘地。

二、文化協會三百七十名會員中，雖有三分之一是尖銳分子，但真正以脫離日統治為目標者極為少數，不過十五名，其他人未必有明確的思想與行動決心。其餘的三分之二會員則多是漫然入會，並無積極性行動。

三、文化協會全體會員未達同樣的思想水準，一部分是穩健的有識者，一部分則對幹部的行動不滿。但是，後者並無排除幹部行動的把握與勢力。

得到這樣的結論後，臺灣總督府調整了關於文化協會的對策，確立「對激進的過激分子厲行嚴格取締，對溫和者加以誘導」的原則。

忽退忽進的「臺灣議會」

第一回交手，政治運動者們以有限的犧牲，喚起臺灣社會廣泛的支持，臺灣議會請願運動士氣大振。雖然，一九二四年第四回請願受到治警事件衝擊，一時之間人心惶惶，請願人數從二七八人暴跌到只剩七十一人，但第五回請願旋即回復到二三三人，第六回七八二人、第七回一九九六人、第八回二四七〇人，請願連署人數一路攀升、屢創新高，正顯示民眾支持的熱情，議會請願運動走向最高潮。

但是，到底政治運動家們所追求、構想的是怎樣的「臺灣議會」，卻是一變再變、講不清楚。

由於日本中央政界人士、帝國議會議員屢屢以「臺灣議會就是臺灣獨立」、「臺灣議會違反憲法」為由，拒絕請願案成立。第五回請願，林呈祿、蔡炳曜等人特別提出〈釋明書〉，說明臺灣議會的定位：

請願人等並非要求在臺灣設立掌有立法全權的議會，我們的用意不外要求獲得臺灣預算審議權、有關臺灣民情風俗法規之審議權，要言之，臺灣議會的權限與日本國內地方議會相等而已。

為了減少帝國議會疑慮、促使請願成為議案，此〈釋明書〉大幅降低臺灣議會的位階，淡化其政治意義。即使臺灣人這方如此降低姿態，帝國議會議員松田三德仍然以「本請願案之目的在於臺灣獨立，最終目標在脫離帝國統治」為由，大力阻撓，最後還是未能成為議案。

一九二五年三月，帝國議會通過普選案，這意味著日本國民參政權逐步開放，臺灣議會請願運動人士受到極大鼓舞，認為殖民地人民的參政權也將隨之提升。一九二六年二月，日本革新俱樂部議員發表時局宣言，內容包括「要對臺灣、朝鮮，努力創設適當的議會制度」。革新俱樂部的前身就是倡議普選的政黨，此宣言表明支持殖民地自治議會，一時之間，臺灣議會運動者大為振奮，認為「我們的運動，已經看見曙光，不久必會實現無疑」。

一九二六年二月十二日，帝國議會眾議院預算委員會上，臺灣問題成為焦點。

「臺灣的現狀，在經濟、社會各層面，都已經有相當的發展。」眾議員坂東幸太郎議員質詢時指出。

「權利思想非常發達的臺灣人民，為了爭取政治上的自由，或請願設置臺灣地方議會、或請願發行新聞報紙，對各方面主張種種權利。我認為他們並沒有什麼野心，政府在相當程度上應該給予他們自由與自治，對於這點，不知總理大臣有什麼打算？」坂東進一步切入重點。

「議員閣下詢問，在臺灣有人希望設立臺灣議會，讓臺灣一步步進入自治的狀態，對於這個問題，政府意見如何？」首相若槻禮次郎清清喉嚨，將問題重述一遍。

「這點，前日在本議會已有議員質詢過。我的回答是，在臺灣，不久應該漸漸達到自治的狀態。」他停頓了一下。

「有關臺灣的事讓臺灣人表達意見，使他們的意見能呈現，這是當然的事。但是，這件事要照程序來，也就是必須經過一定的程序，不是一蹴可幾的。雖然現在無法立即實施，但是，大體上應該採取自治主義來辦理臺灣的政治，這是我們所謹記的。」若槻首相一口氣說完。

這是大日本帝國首相第一次在國會公開表明，臺灣將會實施自治主義，政治運動者們欣喜不已！《臺灣民報》將議員與首相的對話，一字不漏地刊載於報上。

但是，若槻首相沒多久就反悔了。三月二十日貴族院預算審查會議上，若槻首相答覆議員阪谷芳郎說：「臺灣與朝鮮設立特別議會，是不妥適的。因為日本國擁有臺灣與朝鮮，對於立法權與預算權，於帝國的部分地區設置地方議會擁有這兩種權限，是不當的；對於國家的

一九二三年二月第三次請願委員與《臺灣民報》成員合影
坐者左起：蔣渭水、蔡培火、陳逢源、林呈祿、黃朝琴、蔡惠如。
立者左起：蔡式穀、黃呈聰。

統一來說，也恐招致不良的後果。若要賦予臺灣人與朝鮮人參與國政的權利，我認為應由兩地派出代議士出席帝國議會，較為適當。」而第七回議會設置請願就在若槻首相出爾反爾之間，未能列入議程。

為了讓臺灣議會請願有所突破，政治運動家們採取權宜之計，將臺灣議會從殖民地全島規模的全權議會，降級與日本地方議會等同。但就算這樣妥協讓步，帝國議會依然屹立不動不說，首相說出的話竟然不算數，實在讓人感到氣餒。

事實上，連著好幾年，臺灣議會請願運動勞師動眾、所費不貲，但卻毫無所成，反抗陣營內部早已有不滿的聲音，批評這種體制內的運動「太過溫和」、是「叩頭哀求」的運動、根本不可能達成，不少人主張中止請願，另採激進手段。

就在此時，日本內地革新黨在政綱中提出「制定施行於朝鮮及臺灣之憲法」、「殖民地完全自治」的主張。臺灣的運動者們如獲至寶，立即援引以為訴求，希望為運動找到突破出口。

一九二七年元月，《臺灣民報》社論公開主張制定「臺灣憲法」：

最近有明眼的政治家，鑒察先進殖民國家的治績與東洋情勢，為帝國百年大計，已有人提出臺灣統治非制定臺灣憲法不可的主張。這對在臺的日本人來說，恐怕要咋舌不已，但有先見之明的人，莫不認為這是日本治臺唯一最上之良策。

我們要求臺灣議會是走向自治的第一步，制定臺灣憲法是自治完成的美果。故制定臺灣憲法之說，和要求臺灣議會之聲，其程度雖有差別，但目標是完全一致的，實可謂異名同實、殊途同歸。（改寫自《臺灣民報》，社論〈臺灣議會與臺灣憲法〉）

五月，《臺灣民報》又指出：

臺灣議會的要求，只是要求特別立法及預算的議決權而已，並未要求臺灣內閣、未論及臺灣司法獨立，也未曾要求臺灣完全自治的憲法。這是因為臺灣人的態度太謙讓使然，並不是臺灣人不懂得要求臺灣完全自治；又因為臺灣當局向來太過無理彈壓，並不是臺灣人不懂得追求更高的目標。……臺灣有制定臺灣憲法的必要，亦即臺灣有施行特別立憲政治的必要，需有特別的臺灣立法議會、特別的臺灣行政內閣、特別的臺灣司法獨立機關；而此三權各直屬於本國主權者的統轄，這是當然的結論，不容稍有曲解。（改寫自《臺灣民報》，〈制定臺灣憲法〉）

一九二七年起議會請願訴求陡然升高，主張制定「臺灣憲法」，要求「將立法、行政、司法三權全部掌握於殖民地手中」，訴求「殖民地完全自治」。這一方面是因為多年請願運動一事無成，運動內部不滿聲音逐漸高張；另方面日本國內竟然已有政黨大膽倡議殖民地完全自治，遙遙領先於議會運動之上。在此內外壓力下，「臺灣議會」失去吸引力，「臺灣憲法」之說突起，大行其道。

臺灣議會的定位，就這樣一路搖搖擺擺、一變再變，從殖民地議會、地方議會，來到臺灣憲法、完全自治。臺灣議會運動訴求的前後不一致，也曝露了運動者思想與行動上的巨大缺陷：其一，臺灣政治運動家們對於臺灣前途應該如何，並無完整規畫與明確目標，而是且戰且走、相機行事，隨著時局轉變而彈性調整。其二，臺灣的政治運動家們，在思想上缺乏一貫性、完整性，以至於論述主張忽強忽弱、暴進暴退，甚至自相矛盾。更糟的是，臺灣議會的主張大多從日本國內先進者獲得啟發，無論是議會自治、完全自治、殖民地憲法，莫不是如此，率皆拾人牙慧，人言而後敢言。

相對於臺灣政治運動者的瞻前顧後、搖擺不定，日本殖民統治者卻是目標明確、始終如一。日本帝國政府、帝國議會自始至終將臺灣議會主張視為「臺灣獨立的第一步」、「臺灣議會是違憲主張」，臺灣議會設置請願無論如何改變內容，從來未曾在帝國議會成為正式議案。

一九三四年三月，帝國議會眾議院請願委員會小組委員會的討論，可說是歷次請願的縮影：

「林獻堂等人並不是激進分子，他們並未與激進分子共同行動，臺灣議會設置請願運動是一項穩健的運動，如果帝國議會態度不變、不加以回應，將促使激進派勢力大增！」眾議院議員清瀨一郎向來是臺灣議會運動的支持者，他努力解釋著。

「請願者在運動中有無左傾的言論？或煽動臺灣獨立的言論？」議員山柳儀重徵詢官員意見。

「請願人士透過演說與刊物，詛咒總督政治、鼓吹民族自決主張，目的在反對臺灣統治的根本方針。」臺灣總督府總務長官平塚廣義回答。

「這樣的請願如果通過，有沒有被惡用為臺灣人民族自決、臺灣獨立運動的危險？」山柳議員再追問。

「請願書的內容頗有爭議，並且每次內容不盡相同。例如，以前明白寫著要爭取臺灣預算權，今日改變為特別預算；以前說是要設例如美國各州的自治議會，現在則把重要的主張隱藏起來。」拓務者管理局長生駒高常指出〈臺灣議會設置請願書〉的奧妙。「這個請願運動本來就是一種欺騙，無論如何強辯，都不能否定它的內裡就是民族自決主義。如果請願被採納成為正式議案，臺灣統治前途堪憂！臺灣必將成為第二個愛爾蘭！」議員楠基道一語道破統治當局憂心之處。

「依照前面諸位議員們的詢答，事情已經很清楚，本請願的目的含有民族獨立主義的要素，進一步將發展為愛爾蘭第二，請願目的在使臺灣議會成為獨立國家的立法機關。並且這樣一來，一國之內有兩個議會，這是違憲的事！若讓他們狂妄行動，將明顯妨礙臺灣統治，此請願斷斷不可成為正式議案！」議員清家吉次郎試圖做結論。

「臺灣統治應採取內地延長主義，在臺灣另設議會的話，就是臺灣與日本分離的開始。」朝鮮人議員朴春琴也附和。

「大家經討論後已獲得共識，小組委員會決定不採納為正式議案。」主席山下谷次緩緩做出總結。

就這樣，帝國議會屢屢制敵機先，將臺灣人的自治要求完全阻絕，無法越雷池一步。

第六章

走向階級運動

一九二五年十月二十二日上午，林本源會社溪州製糖廠人員十餘名、工人十四名，前往彰化二林農民謝財的甘蔗園欲採收甘蔗，蔗農們聞訊急忙吆喝眾人前往阻止。工人看到農民們憤怒對峙，不敢下田採收，雙方僵持不下。

下午一點多，遠藤巡查部長率巡查六名、北斗郡特高警察喜多、製糖會社社員二十多人、工人十六名浩浩蕩蕩前往增援，雙方劍拔弩張。日籍的會社社員矢島一馬當先拿起鐮刀跳入甘蔗園動手採收，一面喝令工人一齊動手。蔗農被激怒，大喊：「還沒發表價格，怎麼可以採收甘蔗！」於是拾起土塊、砍下甘蔗，丟向矢島。哪知遠藤巡查部長竟拔出配劍，下令「砍！砍！砍！立刻採收甘蔗！」又有四名巡查也跟著拔劍，企圖震懾農民。

日本巡查的配劍，就像今日警察的配槍，是公權力的象徵。配劍出鞘，就如同警察鳴槍示警，是極為嚴重的事。沒想到，日本警察竟為了保護製糖會社強行採收甘蔗而拔劍，對付手無寸鐵的農民。三、四十名農民怒不可遏，拾起地上的土塊與甘蔗擲向巡查，大罵：「會社走狗！」「為何拔劍？」「欺壓農民！」一時之間情況混亂，小野、高木兩名巡查懾於農民氣勢，連忙收起配劍，但其他巡查仍然揮劍張狂。此時，兩位不怕死的農民蔡琴、謝衢竟跳上前去，將大石、德富兩名巡查所執的配劍奪下，警民爆發衝突，矢島等五名巡查受了傷。蔗農眼見事態嚴重，才一哄而散。

這天下午，二林醫生李應章出診後返回農民組合鬥爭本部，農民與群眾聚集在他的診所內外，既興奮又緊張地報告上午的衝突經過。

「勝利！萬歲！」眾人歡呼。

「一不做二不休，乾脆我們去包圍警察局，搶奪武器，在農組幹部領導下共同起義，奪回臺灣！」有人這麼主張。

「千萬不可輕舉妄動！我們的人毫無準備，以卵擊石，只是白白送肉飼虎，這種犧牲沒價值！」農民組合幹部李應章、劉崧甫、蔡淵騰等幹部連忙阻止。

濁水溪出代誌

臺中州北斗郡二林庄這一帶，是林本源製糖會社的甘蔗採收區。但林本源製糖的甘蔗原料價格，比鄰近的明治製糖會社溪湖工場、新高製糖會社彰化工場的價格低很多，農民早就十分不滿。林本源製糖則以狡猾的手段對付農民，這幾年都是先採收了甘蔗再發布賤價，讓

李應章

農民反悔不及。因此，一九二五年六月二十八日，蔗農們組成了「二林蔗農組合」，打算與會社協議合理的甘蔗收購價格。二林農組的靈魂人物，是醫生李應章。

李應章，彰化二林人，一八九七年生，父親是中醫師。一九二一年他自臺北醫學專門學校畢業，並參加了醫學校的學長蔣渭水、同學何禮棟、吳海水等人所組織的臺灣文化協會，返鄉開業之餘，也擔任文協幹事。

李應章在鄉間開業看診，眼見農民的悲劇一再上演。

診間裡，農婦嗚嗚咽咽地哭喊著：「先生（日文醫生之意）啊，先生啊，緊來啊！」病人林格已昏迷過去，李應章一手拿著酒精棉球，一手拿著注射針筒，趕緊為他注射。病人才悠悠張開眼，就說：「唉！妳是咧哭什麼？妳緊去僱幾個粗工，去甘蔗園收成卡要緊！大約這甲九萬多斤的甘蔗，扣掉肥料與借金，還剩多少錢？若有剩，就先還了李先生的藥錢，不然，就要拜託李先生掛帳了。」老農林格都快沒命了，卻只擔心藥錢無著。

「你免掛慮錢項，安心靜養要緊。」醫生李應章安慰著。

「先生啊！我想敢是不會好囉……」病人憹憹地說。

沒想到第二天早上，林格就死了！這病人是因為在蔗田裡撥蔗葉，引發肋膜炎，長期勞動無法好好休養，宿疾加上過勞，只十日間就賠上一條命。蔗農林格是因病而死？還是因貧而死？他是為種蔗身心過勞而死呀！李應章不覺落下淚來。（改寫自李應章，〈蔗農爭議的回顧〉）

一九二三年，李應章與二林地區文化協會會員劉崧甫、蔡淵騰、詹奕侯等人，計算蔗作成本、肥料價格、蔗價比較、製糖會社利潤等等，針對蔗農被剝削的問題舉辦每週一回的農村講座，讓蔗農瞭解自己被製糖會社剝削的嚴重性，鼓舞資訊閉塞的農民起來捍衛自己的權益。他還編寫了〈甘蔗歌〉，訴說農民的悲情：

種作甘蔗無快活，風颱大水驚到大。
燒沙炎日也著行，一滴蔗汁一滴汗。
哎喲喲，有蔗無食真壞命！

製糖會社常利用甘蔗原料過磅時低估斤兩

甘蔗咱種價咱開，公平交易才應該。
橫逆搶人無講價，將咱農民當奴才。
哎喲喲，誰人甘心做奴才！

登記種蔗做農奴，苦在心頭無地咻。
弱者只好手牽手，據理力爭咱自由。
哎喲喲，不達目的不干休！

蔗農組織是咱的，同心協力就大家。
兄弟姊妹相提攜，不驚青面和獠牙。
哎喲喲，出力要和齊！要和齊！（以臺語發音）

一九二五年元月李應章召集農民在二林仁和宮前廣場召開蔗農大會，決議組織農民組合與製糖會社交涉。這年四月十九日，臺灣文化協會林獻堂等人來二林演講，大大鼓舞了農民的士氣，六月，二林蔗農組合順利成立，並邀請《臺南新報》記者泉風浪擔任顧問。

就在二林農組與製糖會社交涉的過程中，會社在警察保護下強行採收甘蔗，爆發衝突。十月二十三日清晨，警方發動「大檢舉」，雖然農組幹部並不在衝突現場，但李應章、劉崧甫、蔡淵騰、陳萬勤、詹奕侯等人與農民共九十三人被捕，三十九人被起訴，二十五人被以「妨害公務」罪名判刑。李應章被判處八個月徒刑，入獄期間，家中被火燒毀、父親病故，為投身農民運動付出不小代價。出獄後，李應章仍然從事政治活動，但在日本警方準備再次逮捕前

前排左起李應章、二林事件辯護律師布施辰治、謝春木。
後排左二起簡吉、陳萬勤、詹奕侯、劉崧甫。（大眾教育基金會）

夕，逃離臺灣。他改名李偉光，在上海經營醫院，後來加入中國共產黨，晚年滯留中國大陸。

二林事件為臺灣的無產階級運動吹響號角。這年起，臺灣各地農民因甘蔗收購問題、竹林問題、官有地發放問題、芭蕉問題、佃作問題，到處不斷爆發爭議。

不願做「領月俸的盜賊」

簡吉是高雄鳳山人，一九〇三年生。他從小家中貧困，仍能因個人的努力，從臺南師範學校（今臺南大學）畢業，一九二一年到鳳山公學校、高雄第三公學校任教，不久，與家境富裕的女教師陳何結婚。簡吉教學十分認真，卻發現學生常常缺課，即使到校上課也都神情疲憊。任教四年之後，他辭去了人人稱羨的教師工作。日後，簡吉因二一二事件在法庭審判時解釋他為何離職：

我在村庄做教員的時候，生徒們概由學校歸家，都要再出田園勞動。因為過勞，以致這樣的兒童，雖有到學校就學，但學習效果失其大半。為此我想，在那裡當教員，確是月俸盜賊，為這樣的原因，而辭去教員之職。（改寫自〈農民組合案件第二審法庭答辯〉）

簡吉辭去教職、專心投入農民運動。當時，鳳山地區因總督府徵收民有地發放給退休日本官員，又有陳中和家族新興製糖會社的蔗價問題，衝突不斷。一九二五年十一月，他與黃石順等人成立「鳳山農民組合」，被推選為委員長。次年，北上協助張行、黃信國等人成立「曾文農民組合」，又幫助林龍等人成立「竹崎農民組合」。各地農民組合陸續成立後，為強化彼此間的聯絡與合作，一九二六年六月二十八日以鳳山、大甲兩個組合為主體，正式成立全島性的「臺灣農民組合」。初成立時有六個支部，四一七三位組合員，以簡吉為委員長，本部設在鳳山。一九二七年底，臺灣農民組合迅速擴大，在全臺已有十七個支部，二萬四一〇〇位組合員。

風起雲湧的農民運動，成為臺灣社會運動的第二波高峰。

簡吉（大眾教育基金會）

階級運動女鬥士

農民運動中有許多女性的身影，她們往往與運動者成為革命伴侶。葉陶，高雄旗津人，一九〇五年生，父親葉賜是地方保正，家境優渥，在當時應該是纏足的千金小姐，但她不斷反抗，進入打狗公學校後，從此丟開裹腳布。一九二〇年起，她擔任打狗公學校、高雄第三公學校教師，因皮膚黝黑、聲音宏亮，被學生起了「黑雞母」的綽號。其間，因認識了同事簡吉，也隨他辭去教職、加入農民運動行列，擔任農民組合婦女長，負責組織農村婦女，並屢屢在各地演講無產階級問題、婦女問題。一九二七年在農民組合初識日本返臺的運動者楊貴、筆名楊逵，她邀請楊逵在扇子上題字，楊逵嘉其豪邁及對抗殖民者的勇氣，題上「土匪婆」三字，兩人戀愛，一九二九年二月結婚，正好遇上農民組合「二一二事件」，雙雙被捕入獄，竟成了「官費蜜月旅行」。

張玉蘭，屏東大埔人，一九〇九年生，父親任保正。兄長張添丁畢業於臺南師範學校，同窗蘇清江、陳崑崙等人加入農民組合，時有來往。就讀於高雄高女的張玉蘭與同學簡娥，時常出入農民組合幫忙發傳單。一九二七年高女三年級時，因經常出入農組，被認為「思想惡化」遭警方逮捕，遭學校退學。她發表〈告諸姊妹〉聲明，又被控違反《出版法》入獄三個月，成為新聞人物。出獄後積極參加農民組合活動，成為農民運動健將，演講甚受到歡迎。她的夫婿陳崑崙是農民組合潮州支部幹部，也是農民組合中央委員。

簡娥，臺南新化人，一九〇九年生，父親在噍吧哖事件中喪生，母親帶著孩子到高雄營生。她曾是簡吉任教於高雄第三公學校時的學生，與張玉蘭是高雄高女的同窗好友，兩人常一起去聽農民組合演講，受社會主義思潮影響。眼看著張玉蘭被學校退學，簡娥也萌生退意不再上學，到農民組合教導農民讀書識字，編唱《三字集》，訓練農民階級意識。

一九二七年二月，二林事件審判尚未結束，臺灣農民組合委員長簡吉、幹部趙港等人，到大阪參加日本農民組合大會，觀摩日本農民運動，並與社會主義團體勞動農民黨、水平社發展合作關係。三月，「日本農民組合」顧問、「自由法曹團」律師布施辰治來臺巡迴演講，並為二林事件擔任辯護律師。五月，日本勞動農民黨派遣律師古屋貞雄來臺，環島二十五處演講、激發農民抵抗意志。同年六月底，古屋貞雄第二度來臺，並取得律師公會會員資格，在臺中開設律師事務所執業，隨時協助農民運動的官司。

一九二三年以來無產階級運動興風起浪湧，對臺灣文化協會帶來重大衝擊。文協理事黃呈聰很早就注意到蔗農問題，並提出組織蔗農組合的建議；理事李應章直接介入二林蔗農抗爭；一九二六年七月趙港帶領大甲農民組合成員向總督府請願後，前往文化協會蔣渭水、連溫卿處尋求支持；同年十二月，趙港帶領會員向臺中州廳請願後，也與《臺灣民報》臺中支局長黃周接觸。各地農民運動抗爭，常常向各地文化協會幹部請求援助，做為「抗日運動總機關」的臺灣文化協會，究竟應該如何回應正在興起的無產階級運動？

路線之爭、組織之爭

臺灣文化協會雖是反對運動的大本營，但幹部與會員背景有明顯的分野。文協幹部主要多是地主、醫生、律師、文化人，尤其是中部地主、臺南醫生最多，他們以林獻堂、蔡培火為核心。一般會員則以青年學生占最多數，尤其是師範學校與醫學校為主、環繞在蔣渭水周

一九二七年三月二十五日，二林事件二審公判後合影。（《蔡式穀行迹錄》）
前排左三李應章、左四劉崧甫。
二排：右一詹奕侯、右二陳萬勤。
末排：左一鄭松筠、左二簡吉、左四布施辰治、右二蔡式穀、右三矢內原忠雄。

圍的青年學生，活動力最強。文化協會成立初期，並沒有工、農階級參加。以林獻堂為主的地主資產階級，主張溫和、體制內的手段與官方周旋。但是治警事件之後，臺灣民眾覺醒，農民運動、工人運動、婦女運動日漸蓬勃，青年一派認為應該結合已被喚起的社會大眾，強力挑戰殖民體制。

尤其，青年一派受到社會主義思想鼓舞，對體制內改革失去耐心，主張愈來愈激進。臺北、彰化地區出現不少服膺社會主義、主張無產階級運動的無產青年。這些年輕人對地主派領導的文化協會愈發感到不滿，他們批評霧峰三少爺林獻堂是個「感而後應、迫而後動、推而後行、不得已而後起」的人，鄙視蔡培火是「地主階級捧出來的發言人」。他們認為，地主派生活優渥、不識民間疾苦，只是「以做慈善事業的心情在從事政治運動」，如此缺乏思想基礎、又是為了他人的利益而做，自然不會積極認真、全力以赴。年輕人拒絕文化協會成為「有閒階級的運動團體」，強烈要求「走向實際行動」！

以資產階級為主的文化協會領導階層，則對於正在興起的社會主義思想與階級運動感到極度不安。

一九二七年元月的一個早上，林獻堂遇到一位俄國婦人在賣布。

「妳是否曾回去莫斯科家鄉？」林獻堂好奇地問。

「我不敢回去。」婦人答。

「為何不敢回去？」

「我是白色者，怕被赤色者所殺。我原是有資產的人，自革命後變成窮無立錐之地，而赤色者反倒都成為富豪了。」婦人說。

林獻堂心頭一驚，想到昨日才聽蔡培火翻譯高橋龜吉所作《資本主義之末期》，闡述資本主義早先雖有利於社會，但過度發展之後卻危害社會，如何解救資本主義之害，唯有革命一途。

「一旦革命後，臺灣將成為俄國，富者變為乞丐，而赤貧者變為富豪！」林獻堂深感驚懼。（改寫自林獻堂，《灌園先生日記一九二七年》）

另一方面，青年一派認為文化協會散漫的組織已經無法因應社會動態，應該轉型成為政治團體，才能領導蓬勃興起的政治社會運動。但是，臺灣文化協會成立之初，即向官方承諾為文化團體。一九二三年元月，《治安警察法》在臺灣施行，官方獲得了取締政治運動的法源。臺中州與臺北州警務部多次召請林獻堂與蔣渭水前來，要求確認臺灣文化協會的屬性，得到兩人「不會涉及政治活動」的保證。

究竟該不該組成政治團體？或是繼續以文化團體的名義活動？幹部派與青年派看法分歧。青年派一再催促，文化協會組織太過鬆散，應該組成政治結社，方能組織性地帶領政治運動。但文化協會幹部派不為所動，認為從事文化啟蒙運動即可。

如此一來，反對運動內部逐漸分為溫和的幹部派、激進的青年派，並且在「走向實際運動」與「成立政治團體」兩個議題上出現重大歧見。

一九二六年八月，《臺灣民報》刊出陳逢源的〈我的中國改造論〉，掀起了延續四個多月的左右大論戰。論戰的雙方是代表地主資產階級的陳逢源，及支持無產階級運動的許乃昌與蔡孝乾，他們藉著中國革命應該效法日本的資本主義路線、還是俄國的共產主義路線為論題，借箸代籌，辯論臺灣政治社會運動的路線問題。

資產階級的代表陳逢源認為，社會進化有一定過程，必須資本主義發展到極致階段，才有可能出現社會主義運動；臺灣尚處於農業社會，應該先發展民族資本，以壯大民族資本家對抗日本帝國主義。社會主義青年許乃昌等人則認為，陳逢源的機械式階段論誤解了馬克思主義，並且，臺灣並非沒有資本主義，而是臺灣的資產階級與帝國主義利益一致，具反動性格，根本無法帶領反帝鬥爭，必須由無產階級領導革命運動，才能符合全民利益。

日後，連溫卿分析這次論戰指出，雙方主張背後正是運動路線之爭。一方主張，臺灣尚未出現資本家、資本主義，因此必須發達臺灣人資本家，以對抗日本資本家，為達此目的，必須推進臺灣民族運動。另一方主張，臺灣雖有資本家，但尚未獨立發展，日本資本家不僅壓迫廣大農民與勞動者，連臺灣人資本家與地主亦然，因此，要解放臺灣人，無法寄望於臺灣資本家，必須訴諸階級鬥爭。前一派主張爭取臺灣人的參政權利，以設立臺灣議會為目標；後一派以解放最大多數無產階級為目的。

這次「中國改造」大論戰，透露了臺灣反對運動陣營內部對政治運動發展情勢看法分歧，更可以說是政治運動左翼與右翼路線的全面攤牌。

一九二六年底，反對運動內部歧見已深，從是否走向實際運動？是否組成政治結社？到應採取左翼或右翼路線？無一不是看法對立。這些，都成為臺灣文化協會分裂的原因。

臺灣文化協會分裂

一九二六年五月十五、十六兩日，文化協會在霧峰林家召開理事會，有二十多位理事出席與會。理事洪元煌提出「組織政治結社」的動議，因理事們意見不一致，最後沒有做成具體決議。會議後，部分理事另行集會，討論組織政治結社問題，最後決定個人各自擬定方案，在七月二十日前送交蔣渭水，提案收齊後再行集會。七月末、九月末，有先後舉行了兩次會議，對於要不要組織政治結社都未有結論，決定送文協總會討論。

十月十七日，文化協會第六回總會在新竹召開，十八日，理事們在新竹文化協會支部開會，連溫卿提出政治結社案，多數理事認為文化協會只是思想啟蒙團體，無法滿足臺灣社會需要，全場共同決議「有組織政治結社之必要」，於翌年臨時總會後再議。

面對蔣渭水、連溫卿等人力推「政治結社案」，反對此議的文協舊幹部派不得不有所因應。因此，專務理事蔡培火於一九二六年十月十七日的總會上提議修改文化協會會則、改組文化協會，大會決議通過，由總理林獻堂指定蔡培火、蔣渭水、林幼春、陳逢源、鄭松筠、連溫卿、謝春木、黃旺成八人擔任起草委員，草擬新會則。所擬的新會則草案，將在翌年元月臨時理事會與臨時總會提出。

面對幹部派推動修改會則，原本推動政治結社案的連溫卿、王敏川等人，決定改變戰略，借力使力，取得文化協會的領導權。

一九二六年十一月二十、二十一日，會則起草委員會在霧峰林家召開會議，共有連溫卿、蔡培火、蔣渭水所提的三個組織變更提案。幹部派蔡培火案欲維持文協向來傳統，仍主張理事制，仍保留總理在會內的領導權。青年派連溫卿案欲使文化協會成為工運、農運的總合團體，並以俄為師，主張將原本的理事制改為委員制，廢除總理，另設立委員長。蔣渭水案提出折衷，建議在委員制上另設總裁。討論結果，決議將蔡案與蔣案合併為「本部案」，連溫卿提案未通過，要求保留於翌年年初的理事會與臨時總會提出討論。

為了在翌年的決戰中勝出，蔡培火與連溫卿各自展開運作，競爭白熱化。蔡培火將「本部案」印刷分送文化協會各會員，連溫卿認為他的提案遭到忽視，一面抗議、自行印送提案，一面號召臺北與彰化的左翼青年加入文協，又與王敏川、鄭明祿等人南下新竹、臺中，爭取會員支持。

然而，總督府當局監視反對運動已久，對於文化協會內部兩派意見不合看在眼裡，認為機不可失。於是，總督府警務局長本山文平屢屢向林獻堂、蔣渭水煽風點火，使得幹部之間芥蒂與猜忌漸生。尤其，散播有無產青年四、五十名將入會奪權的消息，更使溫和派深感不悅，醞釀不惜退出文化協會。

一九二七年一月二日下午三點鐘，文協臨時理事會在臺中林獻堂的東華名產株式會社辦公室召開，八十四名理事中有三十六人出席。林獻堂致詞後，專務理事蔡培火發動攻擊，對新近加入文化協會的會員資格表示懷疑，要求先行確認。多數理事認為應該尊重介紹人的人格，對新加入會員一律承認其資格。接著，蔡培火的第二擊，針對會則改訂，提出「本部案」要求討論，蔣渭水卻於此時起身反對，提出程序問題，認為依照議事程序，連溫卿的保留案應該先討論。結果，理事們決議連溫卿案先審。但連溫卿逐條說明時，蔣渭水又提出自己先前的提案，說是「供大家參考」，蔡培火、陳逢源當場大表不滿。連著兩案被否決的蔡培火怒火攻心，表示他的會則案若不被接受，將棄權不投票，日後也不願再擔任幹部，並隨即退席抗議。接著，陳逢源、王受祿、韓石泉等出身臺南的蔡培火支持者也跟著棄權退出，在場理事僅剩下十六人。在此情況下，理事會通過以連溫卿案為基礎的會則修訂案，決議採用委員制。

幹部派與青年派的會則改訂決戰中，原本居於折衷派的蔣渭水打亂議程、耐不住怒氣的蔡培火率眾齊全離席，這兩項意外發展，反到使得青年派連溫卿一案輕騎過關。

第二天，文化協會臨時總會在臺中公會堂舉行，共有會員一百三十多人出席。專務理事蔡培火報告會則修訂及會務後，公推林獻堂為議長，會場氣氛火爆，連溫卿、王敏川與幾位無產青年縱橫全場，壓制其他發言。

文化協會臨時總會在連溫卿與王敏川主導下，通過新會則改為委員制，隨後並舉行臨時中央委員選舉，結果連溫卿系十一人當選，林獻堂系只有林獻堂、蔡培火、林幼春等人當選。林獻堂心灰意冷，以「年老力衰、不堪重任」為由，力辭中央委員之職。蔡培火更火爆撂話：「本部案已被完全否決，往後無法在文化協會發揮生平理想，尸位素餐已無意義，決定辭去在文協的一切職務。如果不准我辭職，被文協除名也在所不惜！」說完掉頭離去，蔣渭水、彭華英、洪元煌等人也陸續離席，加上昨日會議敗北後部分就幹部已先離去，至此，幹部派大勢已去。

整個文化協會會則改訂與改選過程中，因為總督府官員的煽動，舊幹部派早就先入為主地以為青年派大舉入會奪權，抱持不惜退出的想法。但實際上新加入的會員只有十二名，九人為蔣渭水所介紹，三人為連溫卿所介紹，並不像總督府散布的謠言所說有四、五十名無產青年入會。理事會討論會則改正案時，蔣渭水提出程序問題，意外成為變數，舊幹部派沉不住氣退席抗議，等於是未戰先降。次日文協臨時總會上歷史重演，舊幹部再以退席表達抗議，新舊對壘中，連溫卿派大獲全勝。

文化協會改組掀起新舊兩派激烈對壘，總督府當局在其中扮演了重要的催化角色，警務局內部報告如此記載：

> 趁著文化協會幹部間有內鬨情形，試推助之，內鬨乃漸趨熾烈。最近甚至漸穩健、急進兩派涇渭分明，幹部間內鬨日益白熱化，急進派產生驅逐穩健派、獨占文化協會之野

心。……依此，次第講求對策，結果，釀成機會，乘文化協會會則修訂之際，使兩者完全分離、極端對立。（臺灣總督府警務局，〈臺灣文化協會對策〉）

陰險的分化對策

「文化協會分裂了」，總督府警務局擊掌稱慶，官方媒體也大肆報導。總督府的分化對策得逞，接著打鐵趁熱，再擬定更進一步、細密惡毒的〈臺灣文化協會對策〉。〈臺灣文化協會對策〉中，總督府以更細密的手段分化反對運動。總督府將文化協會粗分為兩派：溫和派與激進派，兩派之下又再細分，溫和派下有兩個支派，合理派林獻堂、蔡培火等；穩健社會主義者陳逢源、謝春木等。激進派下則有三個支派，民族自決派蔣渭水、王敏川等；無政府主義派連溫卿、彭華英等；妄動派的無產青年。總督府的目標是，使溫和派與激進派更加對立、無法合作。在此原則下，總督府警務局詳列製造進一步分裂後各個擊破的具體做法：

一、促使林獻堂離臺，各派爭相出頭、群龍無首。

二、間接助長溫和派，例如同意《臺灣民報》從東京移回臺灣出刊，造成激進派的懷疑。

三、促使激進派之間更加分裂。

四、迫使激進派如無產青年生活不安定，如馴服猛獸之前需先使其饑餓疲乏，再以物質利益引誘之。對於不受誘導者，則以賭博、詐欺、背信、侵占等不名譽之罪逮捕，打擊這些人的社會聲譽。

五、激進分子占領文協後，嚴密監視其行動，迫使他們更加左傾，等到社會輿論也認為無理的地步，最後採取下令禁止之手段。

六、誘導穩健派轉向官方可以接受的參政運動。

文化協會分裂之初，溫和派與激進派尚未惡言相向，但在臺灣總督府警務局持續策動分化、官方媒體煽風點火下，文協成員更加分裂，彼此仇視對抗，整個反對運動陷入混亂狀態。

一九二七年五月十五日，林獻堂為了避開反對運動內各派系的紛紛擾擾，與次子林猶龍從基隆搭乘日本郵輪，出發環遊世界，一年後返抵東京，又以治療頭疾為由遲遲不肯歸臺。失去林獻堂這位具有財力與聲望的領導人，新文協與舊幹部之間無人出面協調緩頰，雙方關係愈來愈緊繃。

一九二七年三月二十二日，蔡培火等人邀請東京帝國大學教授矢內原忠雄訪臺，四月十日起由南到北在臺灣各處舉辦演講，卻受到新文協青年派的干擾，他們大鬧會場、批評舊幹部派、宣傳無產階級解放運動。舊幹部派也不甘示弱，連續在《臺灣民報》上大力反擊，批判無產階級運動脫離現實，是「盲動幼稚病」，又刊載〈社會運動家的三要四不可〉，暗諷連溫卿、洪石柱等人背叛工人同志，要求社會運動家要「識時務、有責任、守誠信」，「不可利用同志與群眾、不可誇功、不可忌妒、不可相殘」。

新文協會員則以散播謠言做為報復，說「蔣渭水獲得土地百甲，已被官廳收買」、「林獻堂已成了帝國主義的走狗」、「蔡培火已被總督府十萬圓收買」等等。《臺灣民報》將炮口對準昔日同志，攻擊新文協是「專門捏造謠言的社會運動家」，雙方你來我往炮火四射，樂得官方媒體《臺灣日日新報》添油加醋引述，擴大事

一九二八年新文協創刊的《臺灣大眾時報》

端。新舊雙方又因爭奪地盤，進入人身攻擊的糾纏，衝突益形尖銳。

一九二七年八月一日，地主溫和派主持的《臺灣民報》獲得官方許可、正式移入島內出刊，但左翼新文協的《臺灣大眾時報》卻被嚴格取締。正當文化協會分裂之際，《臺灣民報》通過官方核准在島內出刊，引起各種傳言紛紛，就連文化協會理事、彰化醫生賴和也質疑：「文協分裂與民報移入臺灣，表面上雖然沒有什麼關係，可是民眾怎麼會不懷疑呢？以前受到全民信賴擁護的我們的先鋒《臺灣民報》，竟然也受到部分民眾的懷疑了！」

溫和派與急進派不斷衝突交惡之下，一九二七年十月二日，文化協會舊幹部在《臺灣民報》上刊登〈脫離文協的聲明書〉：

（四）　昭和二年十月二日　臺灣民報　第一百七十六號　（第三種郵便物認可）

文協舊幹部脫離關係

發出悲痛的聲明書

臺灣文化協會、自新舊會員意見分裂以來、舊幹部已再重新組織民衆党、開始活動了、但因在形式上還是繼續文協的會員、而其實同床異夢、因恐惹起民衆誤會、特變開□態度起見、由舊文協幹部發起、以舊文協會員多數聯名、於十月一日發出脫離文協的聲明書。玆採得其原文、特載於左

脫離文協的聲明書

我們從事台灣社會運動、已經閱過許多歲月、此間欲恢復民權、廓清島政、組織台灣議會期成同盟會、不幸同志吃了多大的虧、結社被了絕大的強權打破。再一面、我們爲欲結連全同胞的力量、來助長同胞的見識、養成同胞自立的能力、創設台灣文化協會、驅臨闔島、喚醒群衆、幸得農工商學各界、協力贊同、蔚氣日振、使權勢者流不敢蠅睨、社會正義也就漸々地顯現出來。我同人、處此境地、正想再加結束、長驅直進、不幸議未成、而禍已自內部發始、嗚呼傷哉、我們幾年來、傾盡心血、始得造成的台灣文化協會、也竟然被二三的野心家所打壞了。到了而今、我們已是忍不可忍了、但是決不願意與那搗亂分子共業爭競、只得自己引退、重整旗鼓、別計方策 爲我同胞効些勤勞、於是不得不揮淚脫離、我們數年來、所愛護的有歷史有聲譽的台灣文化協會、特將其不得不出此舉的原因、陳述於左、希冀同胞垂察我們的苦衷了。

去年秋、文協在新竹開總會、議決不變宗旨、改換組織、選定委員作成草案、今年正月在台中開臨時總會、一派不純分子、無力自組團體、陰謀覇佔文協地盤、先在彰化秘密會議、欺騙舊會員、新介紹所謂無產青年四十餘名入會、當總會之日、他們一派連袂出席、和他們不同意見的人、若開口發言、他們則一齊疾呼亂罵、不令分訴、將他們私擬的案强行可決、多數舊會員、見此事勢、不忍與之爭較、中途拂席而歸、我們同人、亦以爲他們若能熱心做事、且讓他們去做、雖不參列幹部、都皆願意作他們的後盾。豈料他們、自掠實權以來、不行正道、不謀結束、只是造謠中傷、破壞、誹謗同志、攪亂陣容、使那個聲譽赫々、外族任打不下的台灣文化協會、擺脫到像現在的樣子。噫！他們的存心、還不止此、凡有旣成的同胞事業、都想一一毀而壞盡、台灣議會台灣民報及最近組織的政治結社台灣民衆党、他們也都顯然排擊、如此行爲、破壞共同戰線、受專制政府和壓迫階級欺侮、他們如此行爲是誠何心？

我們深信、同胞的勤敏、就是專制政府、壓迫階級、御用劣紳和走狗們。而今新文協一

文化協會舊幹部公開發表〈脫離文協的聲明書〉

……我們幾年來傾盡心血造就的臺灣文化協會，竟然被二三個野心家所破壞了。到如今，我們已是忍無可忍，我們決不願與那搗亂分子繼續共事、繼續爭執，只得自行退出，重整旗鼓，別無方策。為了為我同胞效力，不得不揮淚脫離我們數年來所愛護、具有歷史、並有聲譽的臺灣文化協會。……

……他們（新文協幹部）自接任以來，不行正道、不謀團結，只是造謠、中傷、毀謗同志，擾亂反對陣營，使聲譽赫赫的臺灣文化協會摧殘到如今不堪的地步。……如此破壞共同戰線的行為，只有招致專制政府壓迫與欺侮，他們如此行徑是何居心？（改寫自〈脫離文協的聲明書〉）

舊幹部派透過公開聲明書指控新文協幹部，聲言不齒為伍，決定全體退出。至此，文化協會新舊兩派由思想對立、領導權爭奪，進入互揭瘡疤、人身攻擊階段，雙方勢同水火，抗日運動陣營完全決裂。

第七章

一網打盡

舊幹部派退出臺灣文化協會之後，打算另起爐灶，組成新的政治結社。但這新結社名稱從臺灣自治會、臺灣同盟會、臺灣解放協會、臺政革新會等議論不定，一九二七年五月，決定成立「臺灣民黨」。

臺灣民黨的綱領明白宣示「追求臺灣人全體之政治的、經濟的、社會的解放」，向官署提出組黨申請。

臺灣總督府隨即以「顯有唆使民族反感、妨害內臺和睦、懷抱民族自決之嫌疑」為由，依據《治安警察法》下令禁止結社。總督府警務局長本山文平並說明禁止結社理由：

> 以「本島島民」或「本島人」類似可以表示的名稱很多，為何特意要標舉「臺灣人全體」？又像「解放」這種字眼，過於偏激，改用「改善」、「革新」或「增進利益幸福」都是可以的。但他們不願修正用詞，理由說是不這樣說的話語氣太軟弱。究竟在何種意義上語氣太軟弱？也許正是要在唆使民族反抗心這一點上，不這樣說，語氣就不夠強烈。……做為帝國臣民，不應有這樣思想、言行的人。……
>
> 總之，無論如何偽裝，像這種違背統治根本方針、妨害內臺和睦、標榜民族自決的結社，是絕對不會被容許的。（改寫自警務局長本山文平，〈關於禁止臺灣民黨聲明〉）

一九二七年六月七日，舊幹部派決定改以「臺灣民眾黨」為名，重新提出政治結社申請。十七日下午，在臺中市東華名產株式會社辦公室召開政治結社會議。這時，林獻堂已不在臺灣，他早在五月十五日出發環球旅行去了。失去大老從中緩衝，同志們之間的恩怨情仇，更加赤裸裸地端上檯面。

北水南火、水火不容

六月十七日的會議，有二十五人出席，由洪元煌擔任主席，他是來自南投草屯的地主，一八八三年生。

「日本政府對我們的政治結社不能諒解，困難重重，不如暫時停止，等待時機。」有人主張。

「不行！我們不應遇到一點困難就放棄，我反對這種失敗主義的看法！」葉榮鐘表示。

表決結果，組織新結社的提議獲得壓倒性通過。

蔡培火說明臺灣民黨結社被禁原因，與蔣渭水有關。

「蔣渭水如果參加新政黨，恐怕日本政府不會容忍！」蔡培火單刀直入。

會議引起激辯，陷入混亂。

「雖然排除蔣渭水令人於心不忍，但是，為了新政黨能夠圓滿成立，請大家慎重考慮！」蔡培火又說。

「排除蔣渭水不太好吧？只要不擔任幹部即可。是不是請蔣渭水聲明，以普通黨員身分參加新政黨，這樣好一點？」陳逢源提出折衷建議。

「如果蔣渭水繼續參加新組織，日本政府恐怕仍不許可。為顧全大局，我願意陪蔣渭水同志，暫勿加入組織。」蔡培火步步進逼。

「日本政府壓迫我們臺灣人不可結社，怎麼自己人也附和敵人？」

「我們為何要向日本政府示弱？我反對蔡培火的提案！」陳炘大聲抗議。

「新政黨的成員如果要受到政府干涉、限制，那與御用政黨有何不同？」

「如果日本政府太過無理壓迫，我們就算玉碎，也要對抗到底！」與蔣渭水關係良好的黃旺成也激動地附和。

會上，多數同志義憤填膺，支持陳炘、黃旺成的看法。最後，決定蔣渭水以普通黨員身分加入，而由謝春木、黃旺成、黃周、彭華英、陳逢源五人為創黨委員。

一九二七年七月十日下午，臺灣民眾黨組黨大會在臺中聚英樓舉行，共有六十二人出席與會。大會由蔡式穀主持，謝春木報告創黨經過，各種議案討論後，選舉組黨籌備委員。此時，蔣渭水、蔡培火再次爆發爭論。

「預備會時討論本人的去留問題，最後決議我以普通會員黨員身分參加，此舉是否有必要？如此不是甘心屈服於日本當局的壓力？」蔣渭水表示不平。

「大會是否認為本人的加入會應影響黨的成立？如果是這樣的話，我願意退出民眾黨，並訴諸公論！」他又說。

「我建議蔣渭水同志以顧問的身分留在黨內。」蔡培火主張。

「蔡培火的意見，是日本政府所授意！」蔣不滿指控。

兩人言詞交鋒，會場議論紛紛，陷入騷動。

蔣、蔡兩人在激動之下，都表示要退席，經彭華英安撫才挽留下來。

「蔣、蔡二位同志不要再爭論，交由大會表決，如果蔣同志當選籌備委員，即使再遭到警務局禁止結社命令，也由大家共同承受擔。」針對蔣渭水是否擔任組黨籌備委員，黃旺成提出折衷建議。

大會表決結果，仍由謝春木等五人當選籌備委員。

七月十一日由謝春木領銜，提出組黨申請書，黨綱措辭稍微和緩，改為「本黨以確立民本政治，建立合理的經濟組織，改善社會制度之缺陷為綱領」，終於順利完成結社登記。

蔡培火與蔣渭水的不和並不是此時才開始的。蔣渭水創立臺灣文化協會之初，因感於自己的聲望不足，推舉林獻堂擔任總理。但林獻堂、蔡培火為主的中南部地主派，與蔣渭水、連溫卿為主的北部無產青年派，各成地盤，氣味並不相投。文化協會創立於臺北，原本本部設於臺北，由蔣渭水擔任專務理事。但一九二三年十月第三次總會後，本部遷移至臺南，並由蔡培火出任專務理事，南北之間隱隱角力。

民眾黨建黨大會上的衝突，蔣渭水的「玉碎派」、蔡培火的「瓦全派」互不退讓，讓兩人的心結表面化。

從蔣渭水的角度看，蔡培火等人面對日本政府的壓力總是委屈求全、處處妥協，缺乏勇氣與堅持；他也批評蔡培火只顧資產階級利益，對無產階級全無同情之心。蔡培火對蔣渭水也有很多不滿：他不只一次抱怨蔣渭水見識淺薄，卻愛追求流行新思潮，以致思想缺乏連續性、一貫性。他討厭蔣渭水愛出風頭、愛掌大權，即使犧牲整體利益亦在所不惜。他也批評蔣渭水看事不精、識人不明，蔣所推心置腹的同志，最後都反目成仇、惡言相向。而兩人最根本的差異是，基督徒蔡培火十分看不慣蔣渭水的風流成性、處處留情，痛斥他私生活混亂：

我最先跟他衝突的問題就是性的問題。雖然這兩、三年來他稍有收斂，以前真是亂來。他對他的大某（元配）極其壓制，他和我去東京策動臺灣議會的時候，也要公然撥工夫去訪尋他以前所有關係的日本女人。……他曾跟我講，愛慾消無時，夫妻便可離開，隨意自由選擇別人。（《蔡培火日記》）

如此「絕對不信神」、「貞操觀徹底相反」的同志，令蔡培火無法忍受。

分裂再分裂

臺灣民眾黨成立之初，黨員一九七人，主要幹部如謝春木、黃旺成等人，都屬蔣渭水人馬，由此，蔣渭水取得新黨的主導優勢。

謝春木，彰化芳苑人，一九〇二年生，與二林醫生李應章是表兄弟，與文學家王白淵則是臺北師範學校的同班同學。在北師就讀期間，他就常偷偷傳閱《臺灣青年》，一九二一年進入東京高等師範學校留學，開始積極參與臺灣留學生活動，常常投稿《臺灣民報》，筆名追風。一九二三年起臺灣文化協會所舉辦的留學生暑期文化演講，他連續幾年都不曾缺席，一九二五年進入《臺灣民報》擔任編輯。二林事件後，眼見家鄉彰化風潮湧起，謝春木決定放棄在東京高師的學業，返臺參加運動，一九二七年成為臺灣民眾黨創黨主要幹部。

黃旺成是新竹人，一八八八年生。一九〇七年自總督府國語學校畢業後，進入新竹公學校任教，因為與日本人校長衝突而辭職，受聘於清水蔡蓮舫家族擔任教席，開始與林獻堂等文化協會人士往來，主辦新竹地區演講活動，逐漸捲入運動中，後出任《臺灣民報》記者、新竹支局長。

他們兩人是蔣渭水在臺灣民眾黨最得力的同志。

在蔣渭水領導下，臺灣民眾黨日益左傾。該黨在全臺各地設立十五個支部，積極發展工農運動，爭取無產階級運動的領導權。由於新文協與臺灣農民組合有密切結盟關係，為了與農組有所區隔，所以民眾黨的無產階級運動重心放在工人運動上，扶植南北各地的土木工友會、石工工友會、店員會、洋服工友會、機械工友會、塗工工友會、金銀細工工友會等等。一九二八年二月，在臺北蓬萊閣成立臺灣工友總聯盟。

蔣渭水參考中國的革命運動，認為應該效法孫文所領導的中國國民黨的容共政策，使民族運動與階級運動攜手並進，以實現殖民地解放。這樣的運動路線，不但造成蔡培火等穩健派的反感，連原本支持蔣渭水的彭華英也有意見。很早就受過社會主義薰陶的彭華英，並不認為臺灣的社會運動需要走激進的階級運動路線。

一九二八年六月十七日，民眾黨第二次黨員大會籌備會上，蔣彭兩人爆發衝突。

「臺灣民眾黨現在似乎成了勞工運動的政黨了！甚至有人以民眾黨的名義在推展勞工運動。這樣到處煽動民眾的階級意識，與民眾黨創立宗旨並不符合，黨應該根據黨綱，專心從事政治運動才對！現在這種做法，將會引起黨的幹部離心離德。」中常委彭華英批評，隨後他以健康不佳為由，提出辭職。

「民眾黨今日能被社會肯定、

一九二八年臺灣工友總聯盟成立大會在蓬萊閣召開（蔣渭水文化基金會）

受官方重視，正是由於背後有臺灣工友總聯盟三十三個團體、一萬數千名勞動者為後盾！民眾黨不能輕視勞工運動，而且，勞工運動也是黨的政策之一。」蔣渭水不同意彭的說法，急急辯明。

「我反對蔣同志的看法！民眾黨今日能被社會肯定的原因，並非在於勞工團體的支持，而是因為黨能包容資產階級與一般大眾。」彭華英反駁。

「是啊！民眾黨可以視實際需要聲援勞工運動，但把勞工團體當作附屬團體確實不宜，眼下應該把工農運動與民眾黨分開才是！」其他幹部附和。

「既然大家都這麼認為，那麼，本人也同意將勞工運動與民眾黨分開。以後本人將本諸信念、以個人身分從事勞工運動，希望彭華英同志收回辭意。」眼見自己的主張不被多數支持，蔣只好妥協。

這日，彭華英接受慰留。

但是在蔣渭水主導下，臺灣民眾黨並未修正階級運動的方向。一九二八年七月十五日民眾黨第二次全島黨員大會通過宣言，宣稱「（本黨）特別應以農工群眾為解放運動之主力，重點應放在對農村與工廠的宣傳，使工農階級組織化，實為最要緊的工作」，因為這些激烈的內容，該宣言被官方下令禁止。

情勢發展，令民眾黨中常委兼總務部長彭華英不願再隱忍，八月九日，他公開發表退黨聲明：

我退出民眾黨的動機，實因與蔣渭水派之主張互不相容之故。我早有辭意，但為顧慮對黨的影響，一直等到第二次黨員大會後才宣布。民眾黨的使命在於爭取、伸張臺灣人的參政權，但黨內存在不同看法的分子。我身為主要幹部，雖經數度提出警告，仍然毫無回應，無視於民眾黨創黨精神，只顧熱衷於勞工運動，使黨失了聲望。我們從文化協會分裂以後，一直希望能重新凝聚民眾意志，所以廣泛邀請地方資產家、有學識、有名望人士，組織有力團體。一旦本島施行完善的自治制度，則民眾黨將成為權威性的團體，能在本島政治占有重要地位，這是我們的理想。但目睹當前黨內部分人士行動魯莽無謀，愚昧無知地以工農運動為中心，無智之輩橫行無忌，實在令人深感遺憾！（改寫自彭華英，〈退出民眾黨聲明〉）

彭華英退黨後，民眾黨愈發左傾。蔡培火也感到灰心，一九二九年二月，他在臺南武廟的演講會上，突然公開聲明他將退出臺灣民眾黨的活動，並自社會運動中引退。資產階級的林獻堂、蔡培火、蔡式穀、陳逢源等人陸續疏離民眾黨活動，並且醞釀與蔣渭水等人分道揚鑣。

蔡培火、楊肇嘉等人利用在東京進行臺灣議會設置請願運動的機會，拜訪日本中央政府官員、國會議員、學者、記者、文化界人士，徵詢意見，思考臺灣政治運動可行的方向，決定專注於體制內的地方自治制度改革問題。

得悉右派的想法之後，蔣渭水擔心民眾黨資源會被瓜分，他搶先在民眾黨內推出地方自治促進活動，一方面規定黨員不可參加其他政治結社，以為牽制，雙方關係愈來愈緊張。一九三〇年八月十七日，臺灣地方自治聯盟正式成立，吸引許多民眾黨成員加入。為了阻止黨員出走，民眾黨決議黨員不可加入其他政治結社，並限定兩星期內退出其他結社，否則將予以除名。此舉反而造成部分中立派的黨員脫黨，為了脫離尷尬處境，蔣渭水決定反守為攻，十二月五日將蔡培火、陳逢源、洪元煌、莊垂勝等十七名另組自治聯盟的黨員，開除黨籍。

臺灣反對運動陣營自文化協會分裂後，一九二七年右派組成的臺灣民眾黨，至此再度分裂，地主派另組成合法運動的臺灣地方自治聯盟。而「引導穩健派進入官方可以接受的合法參政運動」，正是臺灣總督府所擬定〈臺灣文化協會對策〉的一環。

右派悉數退出後，蔣渭水再無懸念。一九三一年二月八日，民眾黨中央召開中執會，準備將黨綱修訂為「以工農階級為中心的民族運動」。民眾黨明目張膽以階級運動為訴求，這下連蔣渭水親信、新竹支部的黃旺成都極力反對，不惜與蔣渭水針鋒相對。

「這次黨綱與黨政策的修訂，是否為中常會的決議？」黃旺成質問。

「黨綱修訂主要是由我所起草，參照謝春木同志的意見修訂。」蔣回答。

「黨綱修訂未經正當程序，是否無視於黨內的規範？」黃旺成不放鬆。

「蔣同志說謝春木贊成黨綱修訂，並非實情！因為謝春木向我表示，既有農民組合、文化協會等左翼團體存在，民眾黨不需再成為工農無產政黨，他是反對修正案的。」李友三戳破蔣的說法。

「黨綱修訂前，我認為應該先追溯民眾黨創黨時的初衷。創黨籌備委員是我、謝春木、黃周、彭華英、陳逢源五人，我與蔣渭水同志因為被日本當局視為民族主義者而不受歡迎。臺灣民黨被禁後，修改了綱領，經過大家的努力，終於成立臺灣民眾黨。因此，我們應該以更徹底的精神，來貫徹全民運動的創黨目標。但是，這次的黨綱修訂，與日本內地無產政黨的綱領毫無二致，這種東西可以稱為全民運動嗎？民眾能夠信任我黨嗎？」黃旺成慷慨陳詞。

「現今這個時代，已經不是依賴資本家的時代，階級鬥爭的必要性不需贅言。只是臺灣現在的情況下，階級運動必須加上民族運動，方可能成功罷了。」蔣渭水不甘示弱地反駁。討論未果，交付表決，蔣渭水案通過，黃旺成等十位反對意見者退席抗議。

林獻堂聽說民眾黨黨綱修訂後轉向激烈的階級解放運動，自忖無法接受這種主張，不願再擔任民眾黨顧問。一九三一年一月十八日，他辭去民眾黨顧問之職，並表明辭職理由是：一、新黨綱定位為無產階級運動本位，頗為激烈，他無法接受。二、民眾黨不容跨黨，臺灣地方自治聯盟蔡培火等多人早已被開除黨籍，他願遵守規定自行辭退。

即使面對同志紛紛退出，蔣渭水仍心意堅定、不改奔向無產階級運動的決心。一九三一年二月十八日，民眾黨第四次黨員大會上，出席黨員一七二名表決通過新黨綱。臺北市北警察署派員來到現場，將結社禁止命令交給幹部陳其昌，並下令解散集會。臺灣民眾黨被禁止結社的理由是，「該黨推動以工農階級為中心的民族運動，這種納入階級鬥爭的民族運動，不僅違背臺灣統治根本方針，並阻礙內臺融和，對臺灣統治帶來極大危害。」

民眾黨被禁後，蔣渭水、謝春木等幹部發表聲明抗議：

雖然臺灣民眾黨已死，但臺灣人民依然存在。官方如不改變原來的專制政治，解放運動斷然不會消滅。……

臺灣人的解放，只靠知識分子與有產階級，是不可能成功的。全體臺灣人的自由，須待勞動者、農民、無產市民之奮戰，解放運動才能獲得真善美的結果……黨是否能重建，在於諸位的意志。我們目前的任務在於擴大、強化勞動者、農民、無產市民的組織，盡力促進解放運動之統一戰線，以期早日完成解放運動之目的。

右派的臺灣地方自治聯盟雖與左傾的民眾黨路線不和，但也發表聲明聲援同志，批判總督府的禁止結社命令是「橫暴的鎮壓」、「示威性的武斷統治」、「暴政終會付出代價」。

臺灣歷史上第一個政黨臺灣民眾黨，在短期內走向激進路線而被下令解散，接下來該如何採取後續作為？幹部事後開會，討論再組政黨的可行性，但是內部意見不一。陳其昌認為，以無產階級為中心的政治結社有其必要性，但謝春木直言：「臺灣無產階級的階級意識不足，應先擴大勞工團體組織，而非組織政治結社。」眾人看法分歧。蔣渭水則決定，臺灣的社會運動應分為三大部分：工人運動、農民運動、無產市民運動，各自擴大、互相提攜，不再進行政治結社。

師不利。

左翼的內鬥

另一方面，連溫卿、王敏川等人取得臺灣文化協會領導權後，積極轉向左翼運動，但出師不利。

一九二七年十一月，新文協在新竹市召開反對土地及產業政策大會，新文協新竹支部的標語被官方取締，幹部遭拘留二十天。新文協為此在西門媽祖廟舉行演講會抗議警察暴政，會前氣氛已經十分緊張，又因講者言詞激烈，被臨場監視的警察下令解散，氣憤的群眾把廟裡的籤盒等物品擲向警察，陳繼章等人立即被捕。新文協幹部鄭明祿、林冬桂、林碧梧、張信義等人帶領群眾前往警察局前抗議，三百多名群眾一路呼喊口號來到警察局前，要求釋放被捕民眾，警方下令解散，群眾更加喧鬧，雙方發生衝突。新竹州警務部派員馳援，逮捕六十三人後，方始控制局面。事後，警方發動檢舉，一〇九人被捕。「新竹事件」中，共九十八人被以騷擾罪起訴，七十一人被判刑。

一九二八年五月，臺南市為配合市區改正、設置綜合運動場，廢止十九餘甲的公共墓地。新文協臺南支部委員洪石柱、莊孟侯利用這個機會策劃鬥爭，聯合墓地使用人、各姓氏宗親會拒絕遷葬工程。官方原本已同意終止計畫，但一位劉姓臺灣人及少數日本人支持原計畫，文協會員侯北海等人竟以惡罵、威脅、塗汙等手段襲擊劉家，遭警方移送法辦。「臺南墓地事件」共有洪石柱等十三人被起訴，文協重要幹部王敏川、連溫卿等人也因藏匿等罪嫌被調查。

新竹騷擾事件與臺南墓地事件造成諸多新文協幹部受到牽連，眼見情勢大為不利，其他幹部如蔡孝乾、翁澤生、洪朝宗、王萬得等人，紛紛走避對岸，新文協一時之間失了領導中心，活動完全停頓下來。

就在此時，在上海組成的臺灣共產黨進入島內發展，核心人物是謝雪紅。

謝雪紅是彰化人，一九〇一年出生，本名謝阿女，因家境貧苦幼時失學，十二歲父母雙亡，被賣為童養媳以籌措葬母費用。禁不起養母虐待，謝阿女一度企圖自殺，後來逃亡，跟了製帽商人張樹敏為妾，隨他來到日本神戶、

謝雪紅（前排右二）與林木順（前排右一）在前往莫斯科留學前夕，與上海同學合影。

中國青島，有機會見識外面的世界，並將自己的名字改為「雪紅」。一九二一年，謝阿女離開張樹敏，到臺中市勝家縫紉機公司擔任職員，成了職業婦女；又自己開了家洋裁店嫩葉屋，並開始讀書識字。此時正是臺灣文化協會文化啟蒙運動的活躍時期，謝雪紅也被臺灣文化協會的活動所吸引。一九二三年，因為嫩葉屋經營困難，她再度求助於張樹敏，隨他前往上海。

來到上海後，謝雪紅與張樹敏分手，改名謝飛英，並與在輪船甲板上認識、因臺北師範學潮被退學的林木順，一起進了上海大學社會系。一九二五年十月，在中國共產黨推薦下，兩人被送往莫斯科東方勞動者共產主義大學學習。

並無知識基礎的謝雪紅，許多學習作業需依賴林木順幫忙；加上她一直無法適應俄國嚴寒的氣候與又乾又硬的食物，這趟俄國之行真是嚴酷的考驗。一九二七年九月，在第三國際安排下返回上海，活躍於上海臺灣青年讀書會活動，又與林木順先後到日本，接受日本共產黨幹部鍋山貞親、渡邊政之輔、佐野學等人的指導，再回到上海準備籌建臺灣共產黨。

一九二八年四月十五日，在上海法租界霞飛路金神甫照相館樓上，謝雪紅、林木順、翁澤生、陳來旺、林日高、潘欽信、張茂良等人，在中國共產黨代表彭榮（任弼時化名）、朝鮮共產黨代表呂運亨見證下，正式成立了日本共產黨臺灣民族支部，也就是臺灣共產黨。次日進行幹部選舉，林木順、林日高、莊春火（缺席）、洪朝宗（缺席）、蔡孝乾（缺席）當選中央委員；謝雪紅與翁澤生只當選候補中央委員，黨書記是林木順。

但是，日本駐上海總領事館警察署因取締上海臺灣讀書會，臺共大批文件被查獲，謝雪紅被捕遣返臺灣，因罪證不足開釋，林木順、翁澤生等人則躲過警方檢舉。此事對臺灣共產黨打擊甚大，原本準備回臺發展組織的蔡孝乾、洪朝宗、謝玉葉、潘欽信棄職逃亡，不敢回臺。

獲釋後的謝雪紅，開始在島內活動。她一方面將逃亡中國的蔡孝乾等四人開除黨籍，一方面吸收新黨員，並且出入於臺中的新文協本部、農民組合本部，指示黨員加入，將黨的影響力伸入兩團體。

新文協與農民組合有密切的合作關係，兩團體成員高度重疊。謝雪紅先滲透農民組合的青年部與婦女部，並掌握研究會與幹部講習，指導運動方向，將臺共的方針加以貫徹、實踐。

因為臺共的滲入，左翼團體的階級運動愈發激

一九二九年文協逐漸由王敏川（前排中）取得主導權

化。農民組合逐漸出現路線對立，幹部派如簡吉、趙港等人，依循第三國際一九二七年綱領的激進革命路線（福本和夫主義），反幹部派如楊貴（楊逵）、吳石麟、賴通堯等人則支持溫和的社會民主主義合法路線（山川均主義）。新文協中王敏川的激進派與連溫卿的溫和派，也陷入領導權之爭。一九二八年六月底，社會主義溫和派楊貴、葉陶等人被逐出農民組合；九月，無政府主義者陳崁、蔡禎祥等人被逐出新文協；一九二九年十一月，溫和左派連溫卿、李規貞也被新文協除名、臺北支部也被廢除。激進左翼開除連溫卿一派，檄文上這麼說：

> 善於玩弄空虛革命言詞的左翼社會民主主義，就是山川均一派。在臺灣，就是其私生子連溫卿一派。……他們是徹頭徹尾的地盤主義者、分裂主義者……暗地糾合農民組合的搖擺分子、文化協會的反中央派，有意識、有組織地分裂我們的戰線！

總督府警務局的〈臺灣文化協會對策〉中早已擬定分化策略，將「促使激進派之間更加分裂」，臺灣社會運動的分裂、左翼運動激進化，一如總督府所逆料。

離經叛道的左翼人士形象

正當激進左翼在新文協與農民組合奪權、運動大有進展之際，謝雪紅、簡吉、蔣渭水等人卻屢屢以負面新聞上了官方媒體版面。

先是謝雪紅因為社會新聞，成了「名女人」。一九二六年三月，《臺灣日日新報》報導「薄情婦欲殺夫」，主角就是謝雪紅。

臺中州彰化郡和美線庄謝氏阿女，號雪紅，文明女子也。訪問男子，談論自由戀愛、非孝論、女子解放、赤化主義、社會主義，男子萬不及也。大正十二年末，實行自由戀愛，不由媒人執柯，嫁於臺中市東勢子張樹敏為妾，兩情殊篤，樹敏憐其才，給學資……旋者為赤化主義者所用，大正十四年初，再由赤化主義者供給學資，留學俄國。至最近侯暇歸北京，樹敏在臺中探知，喜出望外，急買舟赴北京，欲與談歡舊雨，而為阿女擯斥，且出手銃欲殺。樹敏吃驚，急逃臺灣，始得保全性命，否則死於阿女銃下。樹敏歸臺中言及此事，尚恐惶汗如雨下，食不下嚥也。

一九二八年七月，謝雪紅又上報，這次是因為與農民組合成員朱順勤兩人投宿旅館，兩位女士剪了如男子般的短髮，引起側目，警員前來調查，卻「意氣橫出，不可一世」，最後以假名投宿為由被處以罰鍰。

臺灣農民組合重要幹部簡吉的新聞更鬧得風風雨雨。一九二八年六月六日，《臺灣日日新報》刊出偌大新聞〈臺灣農民組合爭議部長簡吉以誘拐婦女被告訴〉（農民組合の爭議部長婦女誘拐で告訴），報導中說，農民組合臺中本部爭議部長簡吉，屢屢投宿於高雄某旅館，旅館主人之女簡娥年方十八，是高雄高女四年級生。因簡吉行動可疑，女店主謝絕他投宿，不料簡吉竟與簡娥於高雄鹽埕某處密會，再分別搭車會合於臺中，女方家長大驚，趕到臺中，簡吉卻將簡娥藏匿，幾日後才由女方兄姊找到，並至高雄市警察署提起誘拐告訴。簡吉雖被留置四日，但因罪證不足釋放。簡娥後來離家，投靠農民組合、積極參與運動。

十月十一日，臺中警察署的警察十多人又突然包圍農民組合本部進行搜查，並把簡吉、簡娥、炊飯小童留置於警署，過了半天才予釋放。十二月二十三日，《臺灣日日新報》又

農民組合の爭議部長
婦女誘拐で告訴
臺中署で取調中

農民組合爭議部長簡吉氏は高雄市本島人某旅館に足繁く宿泊中其旅館の娘にして現在高雄市高等女學校四年在學中の簡氏娥(一〇)と知合になり二人の素振に氣附いた同旅館では爾來簡吉氏が宿泊するを斷つたが簡吉氏は其樣な女は居らぬと面會させなかつたが三十日に至り大肚の某所に居ることが判明し簡氏娥の實姉が迎へに行き高雄に伴れ歸つたが實兄は簡吉氏を相手取り高雄署に誘拐の訴へを爲したので同氏は三十日新竹方面の旅行先から臺中署に引致され目下取調をうけて居ると

音樂吹奏
二日夜新公園
【マーチ】ペターピルペー
【ワルス】ウーベルデンウエーレン
【唱歌胡蝶】ムーンビームスノペレツテ
【歌劇】スメラルド
【箏曲】新高砂

官報醜化左翼運動者形象

以不堪入目的標題〈大鬧農民組合本部　痛罵公猪誘拐吾女〉，報導簡娥的母親欲找簡吉拚命，簡娥為顧慮母親的身體健康，隨母親返回開設於高雄的旅館。簡娥投身於農民運動自認無愧，擔任幹部、活躍於演講活動，對於報紙的醜化，毫無畏懼地說：「是不是誘拐，看我以後的行動就知道了！」

就連蔣渭水也難逃官報攻擊。一九三〇年二月，臺灣民眾黨向國際聯盟檢舉臺灣總督府的鴉片政策，國際聯盟派員到臺灣調查。《臺灣日日新報》攻擊蔣渭水是「多妻主義」、「金錢買妾」，較諸吸食鴉片更無道德，卻以人道主義反對吸食鴉片，是何道理。

官方媒體攻擊左翼運動者的私德敗壞，抹黑反對者的形象，與臺灣總督府的〈臺灣文化

一九二八年十二月三十日，臺灣農民組合第二次全島大會。再過一個多月，總督府就發動全島大逮捕。（《亦儒亦商亦風流——陳逢源》）

協會對策〉中「對於不受誘導者，則以賭博、詐欺、背信、侵占等破廉恥罪（不名譽罪）逮捕，打擊其社會聲譽」，種種操作，若合符節。

一個時代的結束

一九二九年二月十二日，總督府認為時機已經成熟，以農民組合思想惡化為由，發動全島大逮捕。包括臺北、新竹、臺中、臺南、高雄各州，農民組合本部、支部、幹部住宅共三百多處遭搜索，五十九人被逮捕，五十一人被以違反《治安維持法》罪名移送。次年八月，共有簡吉、侯朝宗、陳崑崙、顏石吉、蘇清江、楊春松、江賜金、張行、陳德興、譚廷芳、陳海等人，被判處一年到八個月的徒刑。

二一二事件檢舉範圍廣泛，幾乎農民組合重要幹部全被逮捕，組織大為動搖，各地支部陷入混亂。新文協也受到衝擊，甚至有激進者認為，以知識分子為主體的階級運動，與無產大眾距離遙遠，與其說是「鬥爭團體」，不如說是「指導團體」，反而阻礙臺灣解放運動，因此出現「解散文化協會」的呼聲。

這年四月十六日，日本政府對日本共產黨發動全面逮捕，使得臺灣共產黨陷入孤立無援的處境。失去與日共的聯繫，只好透過在上海的翁澤生向第三國際求助。如此一來，使得臺灣共產黨面臨權力鬥爭風暴！

臺灣共產黨內的男性黨員蘇新、蕭來福、王萬得等人，原本就看不起從未受過正規教育、知識水平不高的謝雪紅，不服從她的領導。加上謝雪紅常常以強勢驕橫的態度指責同志，更讓男性黨員無法忍受。一次，黨員林日高赴上海聯繫翁澤生，返臺時為妻子買了胭脂水粉，竟被謝雪紅當眾羞辱：「你敢是在替牽手辦嫁妝！」林日高一氣之下退黨，莊春火也跟進。一九三〇年十月，蘇新、王萬得在松山會議中決定主導工人運動，挑戰謝雪紅的領導權。如今，又有中國共產黨人翁澤生自居第三國際代表，指導王萬得、潘欽信、陳德興等人，於一九三一年一月另組

一九三〇年八月臺灣戰線社創刊，圖為官報上的左翼人士群像。前排左起，林萬振、謝雪紅、郭德金、周合源、楊克培，後排左起，廖九芎、楊克煌、陳煥珪。

成「臺灣共產黨改革同盟」，批判謝雪紅寄生於新文協與農組的策略，要求以共產黨名義、採取激進路線。此一對抗表面上看來是路線之爭，實則是與謝雪紅爭奪領導權。

臺灣共產黨的各種祕密行動，總督府早就全盤掌握、瞭若指掌。一九三一年一月，警方探知臺共黨員王溪森潛赴上海面見翁澤生，將攜回共產主義運動之重大指令。臺北市北警察署於三月二十四日查獲行動可疑者陳德興，他強硬抵抗之餘，並將文書塞入口中，趁亂逃脫。警方追查之下，逮捕了趙港，趙港在移送過程中大呼「臺灣共產黨萬歲！」以此為發端，總督府於六月二十六日發動臺灣共產黨全島大逮捕，臺北的王萬得、潘欽信、簡娥；基隆的莊春火、宜蘭的蘇新；臺中的謝雪紅、楊克培；高雄的顏石吉、劉守鴻等人紛紛落網，全島共有一〇七人被逮捕。

翁澤生化名李谷梁在香港被捕（日本外務省外交史料館）

遠在中國的翁澤生，被中共中央派往香港工作，不料卻被逮捕；經中共中央派廣東省

委花了六千元買通公安局，兩個月後獲釋，一九三二年五月九日返回上海。事後，日本駐香港總領事館發現，這位化名「李谷梁」的人，就是臺灣共產黨人翁澤生。一九三三年三月四日，上海共同租界工部局逮捕了中國共產黨全國總工會宣傳部幹部陳麟祥，以「宣傳赤化、鼓動風潮」罪名，送江蘇省高等法院第二分院審理，法院決定移送上海市公安局處置之際，陳麟祥突然大喊：「我不是中國人，我是臺灣人！你們沒有理由將我引渡給中國政府！」細查之下才發現原來此人竟是翁澤生！就像許多抗日運動者一樣，翁澤生深知中國法治情況污濁敗壞，具有日本公民身分的臺灣人，可免於受中國政府審判，所以在最後關頭表明身分，被送回臺灣受審。

一九三三年七月，《臺灣日日新報》連續幾天以全版篇幅報導了臺灣共產黨事件，有四十九人被起訴，而劉纘周、謝祈年兩人在偵訊期間死亡。判決結果，潘欽信被判十五年

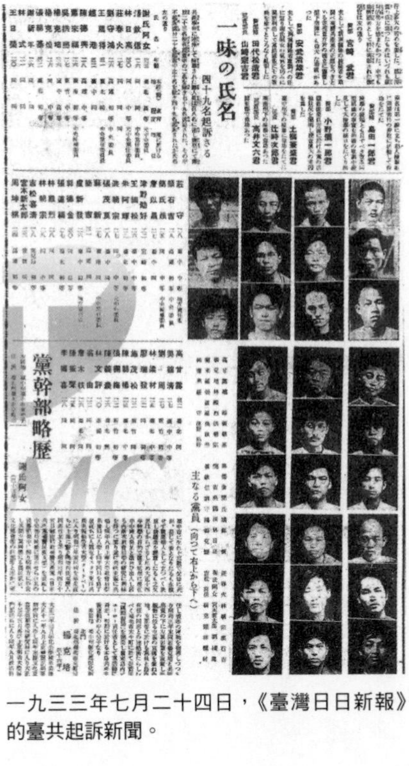
一味の氏名
四十九名起訴さる
主なる黨員（向つて右より下へ）
黨幹部略歷

一九三三年七月二十四日，《臺灣日日新報》的臺共起訴新聞。

徒刑；謝雪紅、翁澤生各十三年徒刑；蘇新、王萬得、趙港十二年徒刑、陳德興、劉守鴻、蕭來福十年徒刑；其他分別判處二年至七年徒刑。不久之後，如同日本共產黨員一樣，這些臺灣共產員在獄中也一一表明「轉向」，放棄共產主義。

牢獄歲月中，趙港、洪朝宗、翁澤生染了重病，雖然被釋放，出獄不久即死亡。謝雪紅在獄中得了肺病，一九四〇年被提前釋放。

臺灣共產黨大逮捕之後，臺共外圍組織農民組合與新文協失去活動能力。八月，農組與文協殘餘成員簡吉、王敏川、陳崑崙、詹以昌等人組成了赤色救援會，這是日本統治下最後一波社會運動組織。十二月官方再次發動逮捕行動，赤色救援會共有三一〇人被捕，一五〇人移送法辦，四十五人被起訴、判刑。其中，簡吉刑期十年、王敏川刑期四年。而王敏川也在入獄期間病死。

總督府警務局的〈臺灣文化協會對策〉中，對於左翼運動的對策是，「激進分子占領文協後，嚴密監視其行動，迫使他們左傾到社會輿論也認為無理的地步，最後採取下令禁止手段。」衡諸一九二七年臺灣文化協會分裂之後的發展，竟然與總督府對策完全吻合，臺灣社會運動的走向由總督府完全操弄於掌股之中，令人毛骨悚然。

其中，唯一例外的是臺灣共產黨總書記林木順，他從此行蹤杳然，彷彿消失在歷史之中。

一九三一年二月臺灣民眾黨被禁之後，蔣渭水鬱鬱不樂，沒多久就病了。最初，醫生診斷蔣渭水染了風寒，他也認為自己幾天後就會痊癒。不料，兩星期後高燒不退，才住進臺北醫院，一週後診斷為腸傷寒，但已藥石罔效，八月五日逝世。臨終前，他留下遺言：

> 臺灣革命運動已進入第三期，臺灣人的勝利，已經迫在眉睫。凡我青年同志，務須努力奮鬥，而舊同志亦應加倍團結，積極的援助青年同志，努力為同胞求解放，是所至囑。

短短十年間，蔣渭水的思想路線多次轉變，由大亞洲主義者變成為社會主義

（四）　昭和六年八月八日　臺灣新民報　第三百七十六號

舊臺灣民衆黨領袖
工友總聯盟的顧問
蔣渭水氏逝世
半生功績永留紀念
舉島同志哀痛異常

（蔣渭水氏肖像）

蔣氏略歷

蔣君哀辭

《臺灣新民報》一九三一年八月八日蔣渭水逝世報導

者，又在他生命的最後階段成為共產主義者。他的遺囑使用道地的共產主義第三國際語言，讓早年戰友蔡培火大為不解、既恨且痛：

「什麼叫做第三期呢？叫舊同志援助第三期的運動是什麼意思呢？」未曾涉獵第三國際理論的蔡培火咄咄追問，對老同志執迷於共產主義大惑不解。

「老蔣，你到死時還這樣，我可憐你啊！老友！你竟走了！」蔡培火悲痛不已。

蔣渭水，這位風雲一時的反抗者，死時才四十歲。

由於蔣渭水所患是法定傳染病，必須火化，當天下午送往三板橋火葬場（今臺北市林森北路、南京東路口十四公園）。八月二十三日，同志們為他在永樂座舉行告別式，會場輓聯、悼文、花環圍繞，場面哀戚。之後舉行「大眾葬」，出殯隊伍數千人從會場出發，行經蔣渭水一生奉獻的大安醫院、文化書局、臺灣民眾黨本部，從迪化街、延平北路、天水路、寧夏路、民生西路、中山北路、過圓山、到大直公共墓地，這時天空突然下起大雨，人們也不走避，成千上萬臺北市民沿途默哀相送，對他表達敬意。

蔣渭水的驟逝，宛如預言了日本統治下臺灣反對運動的結束。

一九四二年戰爭如火如荼，大直公共墓地被徵收為軍事要塞，蔣渭水骨灰移置到關渡慈航寺，一九五二年遷葬到六張犁的芳蘭山公墓。

第八章

戰爭陰影下

一九三一年九一八事件前後，日本國內軍國主義興起，共產主義運動受到嚴厲壓制，連自由主義者也失去活動空間。

臺灣島內，自從一九二九年二一二事件、一九三一年二月臺灣民眾黨被取締、八月蔣渭水驟逝，政治情勢起了極大變化。雖然，臺灣議會設置運動還是繼續向帝國議會請願，但屢屢被以臺灣議會違反憲法、議會運動暗藏民族自決、臺灣獨立意圖等理由，被拒於門外。臺灣議會請願運動長久未獲回應，師老兵疲，逐漸失去動力。

中川總督的條件

一九三二年五月，第十六任臺灣總督中川健藏上任，他積極向中央政府建議臺灣的地方自治制度改進。臺灣地方自治聯盟是新成立的運動團體，運動能量飽滿，中川總督新人新政，一時之間，情勢似乎大有可為。

但是，中川總督要求先放棄臺灣議會請願運動。他一再訓示：「臺灣議會設置請願運動違反帝國統治方針，應該中止。」一九三四年二月一日，總督府警務局長石垣倉治約見林獻堂、蔡培火，勸告他們停止臺灣議會設置請願運動。

「臺灣議會設置請願運動與臺灣統治方針完全背反，絕對沒有實現的可能。」石垣警務局長斬釘截鐵地說。

「現在中川總督正在改革地方制度、推動地方自治，中央政界多持反對意見，因為臺灣議會設置請願運動是臺灣獨立的準備工作，他們認為一旦施行地方自治，將鼓舞臺灣議會運動更加活躍。你們何必為了不可能成功的臺灣議會運動，而阻礙了即將實施的地方自治呢？這樣會讓總督很難使力啊！」石垣又故作友善。

「臺灣議會運動與地方自治改革是兩回事，不能混在一起談啊！」林獻堂有些心急地說，蔡培火代為翻譯。

「指控臺灣議會有反叛意圖，這是反對者慣用的謗詞。臺灣議會的中心思想是主張日臺融和！」

「更何況，臺灣過去沒有獨立的歷史，臺灣人口少，經濟又不能獨立，土地偏狹，地理位置孤立，絕無獨立的可能。」林獻堂急切地解釋著。

「無論如何，今年不要再前往東京請願了！」石垣說。

「請願書已經發送，運動不可能中止啊！」林獻堂、蔡培火異口同聲地說。

「再說，臺灣議會運動並不是我們兩人可以決定，我們片面答應也沒有用。」蔡培火補上一句。

一九三四年四月，第十五次臺灣議會設置請願仍然失敗。

七月二十一日，中川總督召見林獻堂，這次由陳炘協助翻譯。

「找你來，是為了臺灣議會設置請願的事。臺灣議會是為了圖謀未來臺灣獨立，這是不可能同意的事！」中川總督直接切入正題。

「臺灣統治有兩個途徑：一是同化，一是自治。我大日本帝國當前所行的是同化方針，你們千萬別想學菲律賓、印度，先求自治，再謀獨立。除非大日本帝國滅亡，否則斷斷沒有放棄臺灣的可能！我希望你們停止臺灣議會請願運動！」總督話說得決絕。

「以臺灣地理、歷史、人口、經濟，各方面來說，都沒有獨立建國的條件，我雖魯鈍，也知臺灣獨立是不可能的事。」林獻堂趕緊表明立場，這些話在前次會見警務局長石垣倉治時就已說過。

「我們要求設置臺灣議會，蓋因為臺灣是日本帝國南方重鎮。在總督監督之下，由臺灣議會協贊預算、修改特別立法，豈不是比廢除總督制度、選舉代議士至中央參政要好些？」接著，林獻堂抬出總督統治為託辭，反對臺灣選舉代議士加入帝國議會。

「就算你們並未圖謀獨立，但臺灣議會運動推展的結果，非至臺灣獨立不會終止，就像小孩玩火，非把房子燒了不可。」總督語氣稍稍緩和下來。

「再說，你們何必為了不可能被允許的臺灣議會，被人拿來當藉口、反對即將施行的地方自治？」總督軟硬兼施之後，打蛇隨棍上。

中川總督的意思已經很清楚：他要求停止臺灣議會請願，換取地方自治的施行。會談最後，林獻堂同意將總督的要求轉達給同志們，由大家來決定是否中止運動。

一九三四年九月二日下午三時，林獻堂等二十九人在臺中市大東信託會議室，就臺灣議會設置請願是否繼續問題舉行會議。林獻堂為會議主席，進行報告：

臺灣議會設置請願運動自大正九年（一九二〇）開始推動以來，至今已有十四年，提出請願十五回，其間波瀾不斷、枝節橫生，同志受盡艱難、奉獻犧牲。歷代總督莫不加以種種壓迫，要我們潰滅、甚至公然要求中止運動者大有其人。而我同志毫不屈服，再接再厲，以迄於今日，苦心孤詣之情，不必贅言。然而，時至今日，卻不得不重新面對、檢討，所以邀集諸位共聚一堂，決定今後的做法。

中川總督上任以來，直接、間接勸告我們中止議會運動多次，綜合要點有三：一、國內外時勢緊迫，際此非常之時，應當上下團結一心。二、切勿使人誤解臺灣人在從事臺灣獨立運動。三、避免授人以口實，阻礙地方自治制度改革。

經過三個多小時的討論，最後一致決議「我等鑒於最近內外之情勢，決定中止臺灣議會設置請願運動」，持續進行十四年、日本時代維持最長時間的臺灣議會設置請願運動，就此畫下休止符。

鳥籠中的自治

一九三〇年七月成立的臺灣地方自治聯盟成立後，林獻堂為顧問，並邀請楊肇嘉自東京返臺主持實際工作。楊肇嘉，臺中清水人，一八九二年生，是清水地主楊澄若的養子。楊肇嘉曾入東京京華商業學校就讀，任教於牛罵頭公學校，一九二〇年擔任清水街長。一九二六年他又入早稻田大學政治經濟科就讀，參與臺灣議會設置請願運動、新民會活動。

地方自治聯盟與過去各種政治運動最大的差別是，以推動地方自治制度改革為唯一訴求，並網羅地方有力仕紳與在臺日人加入。號召在台日人參加運動，與殖民者攜手改革，這是過去從沒有的事啊。在自治聯盟推動下，各地仕紳階級、對總督專制不滿的在臺日人都來加入，最盛時期盟員將近四千人，並在全臺各處舉辦巡迴政論演說會。

事實上，自從臺灣民眾黨被禁之後，全臺灣就只剩地方自治聯盟這一政治結社，所以也實質承擔起政治結社的功能，向臺灣總督府提出各種政治改革要求。一九三一年十一月，地方自治聯盟第一次大會後，向臺灣總督府提出〈改革建議書〉，內容包括：實施義務教育、公學校教科書中應編入涵養國民自治精神之科目、臺灣公共組合自治化、改革臺灣水利組合、改革青果同業組合等。一九三二年八月聯盟第二次大會的決議案，也包括普及初等教育、廢除保甲制度、廢除渡華旅券制度、官吏任命內臺人機會平等、廢除在臺日本官吏加俸規定等等。

聯盟最重要的工作是推動地方自治在臺灣施行。一九三一年一月，自治聯盟提出〈臺灣地方自治制度改革案〉，除向臺灣總督府請願外，也到帝國議會請願。一九三三年十月，楊肇嘉、葉清耀、葉榮鐘三人到朝鮮考察地方自治制度，返臺後提出〈朝鮮制度考察報告書〉。

一九三四年九月臺灣議會設置請願運動停止後，臺灣地方自治聯盟於十月六日召開理事會，

地方自治聯盟演講

針對官方透露的地方自治案提出對案。地方自治聯盟的主張重點有：

一、二十歲以上成年男子，居住該地二年以上，具選舉權、被選舉權（普選權）。

二、地方議員全數由民選產生（直接選舉）。

三、州、市、街、庄議員，皆應具有預算權與議決權之自治權。

楊肇嘉等人拜訪中川健藏總督，表達他們的主張；並且前往東京政界展開遊說活動，為地方自治運動做最後的努力。

一九三五年四月一日，臺灣總督府公告「臺灣地方自治制度改正案」，並訂於十月一日開始施行。總督府公布的地方自治內容是：

一、二十五歲以上男子，居住該地六個月以上、年繳納稅額五圓以上者，具有選舉權、被選舉權（限制選舉）。

二、市街庄議員半數官派、半數民選（直接選舉）。州議會議員半數官派，半數由市街庄議會選出（間接選舉）。

三、市街庄議會為諮詢機關，並非議決機關。

對照臺灣地方自治聯盟的主張，總督府公布的地方自治方案，大有玄機：具選舉權與被選舉權的要件中，只要居住臺灣半年就有投票權，對在臺日人大大有利；每年繳稅五圓以上的規定，卻是大大限縮臺灣人的參政機會。不僅如此，總督府方案中議會半數官派半數民選、市街庄議會僅有諮詢之權等等規定，較諸臺灣地方自治聯盟的主張，根本是打對折的、半套的自治。林獻堂等地主派中止臺灣議會請願，換得了半套自治，可以說是拿西裝換了破褲。

事已至此，接下來的政治運動要怎麼走下去？同志之間意見分歧。四月十四日，自治聯盟理事們於臺中本部召開會議。

「日本政府的方案，與我們的主張一丈差五尺，我們不能屈服，不然怎麼向支持我們的民眾交代？」有人主張。

「雖然不滿意，但是比舊制已有相當改善。地方自治聯盟任務已經完成，可以解散組織了。」葉榮鐘自我安慰地說。

「政治運動不能到此就結束了，我們改組成一般政黨，為政治改革繼續奮鬥。」蔡式穀、劉子祥提議，林獻堂也贊同。

眾人意見紛紛，無法達成共識，因此指定聯盟存續問題小組，擇日再議。

五月一日，聯盟存續問題小組林獻堂、楊肇嘉、蔡式穀、洪元煌、張煥珪、劉子祥再次開會，張景源為紀錄、彭華英也來旁聽。

「地方自治聯盟若要繼續從事政治活動，過去參加的盟員恐怕很多人會退出。」楊肇嘉憂心地說。

「我是認為自治聯盟任務已完成，應該改組為政黨。」林獻堂主張。

「若要從事政治活動，要有充分的財政基礎，大家要先有心理準備。」楊肇嘉指出運動要害。

「如果是自治聯盟臺中本部，一年維持費只要五千圓，到時如果要派人赴京請願，需另外再籌錢。」林獻堂估計，他一直是各種政治運動的大金主，對財務需求瞭若指掌。

「如果是新政黨，至少一年維持費用要八千圓。」洪元煌估計著。

「不夠！不夠！至少要三萬圓！」楊肇嘉嚷嚷。

會議最後，就在財源的問題上打轉，是日，又未能議定。

一九三五年十一月二十二日，臺灣舉行有史以來第一次的地方自治選舉，全島臺北、新竹、臺中、臺南、高雄五個州，及臺東、花蓮港、澎湖三個廳，同時投票，選出市、街、庄議會議員。在總督府大力宣傳推動下，投票率高達九五・九％，廢票一・一％。

地方自治聯盟在幾個地區推出了候選人，包括：

臺中市：鄭松筠（律師）、郭東周（醫生）、張深鑐（牙醫）、張風謨（律師）。

臺南市：劉子祥（地主）、沈榮（律師）、津川福一（記者）、歐清石（律師）。

嘉義市：梅獅（醫生）、劉傳來

一九三五年四月自治聯盟理事會。前排左三洪元煌、左四林獻堂、左五楊肇嘉、左六蔡式穀、後排右三葉榮鐘。

（醫生）、陳福財（醫生）。

屏東市：上田雄太郎、陳福安、蘇嘉邦、吳周騫、藍家貴。

選舉結果，自治聯盟在臺南市與嘉義市推出的候選人全都當選，但臺中市只有張深鑐、張風謨當選，屏東市則只有蘇嘉邦當選。

但是，這是一次不公平的選舉。因為以財產限制了選舉權，必須繳納稅額五圓以上的公民才具投票權，使得在臺日本人占得優勢。尤其是日本人聚集的都市地區，臺北、基隆、新竹、臺中、彰化、臺南、嘉義、高雄、屏東九個市的市會選舉中，竟有四個市具有投票權的日本人要多過臺灣人。例如臺北市具投票權的臺灣人七一七二人、日本人一萬一四七九人；基隆市具投票權者，臺灣人二二五七人、日本人三四七九；臺中市具投票權者，臺灣人一七六〇人、日本人二一六三人；高雄市具投票權者，臺灣人二一三三人、日本人三一二二人。整體來說，九個市的選舉人總數中，日本人也多過臺灣人，臺灣人是二萬四五七八人、日本人則有二萬六四七九人。

因都會地區日本人選舉人數高過臺灣人，選舉結果，臺灣人市會議員只占一〇六席、日本人議員卻有一五四席；亦即臺灣人占總席次四一％、日本人占五九％。

但是，在鄉間地區，情況有所不同，除了日本移民較多的臺東廳與花蓮港廳日本人選舉人數超過臺灣人，其他地區臺灣人占絕大多數。選舉結果，五州三廳的街庄協議會議員中臺灣人占二八七一席、日本人六一五席；即臺灣人占總議席的八二%、日本人占一八%。然而，驚人的事實是，與過去街庄議員全數官派相較，這次雖然有半數議員經由民選產生，但從議員總數來看，日本人議員多出八十四席，而臺灣人議員則減少了二十八席！

總而言之，在總督府精密算計下，臺灣人表面上獲得半數地方議員選舉權，但選舉結果，在市會與街庄協議會所占的總席次比例，卻比官派時還減少。

一九三五年十一月二十二日，臺灣舉行歷史上第一次地方自治選舉。（《楊肇嘉留真集》）

一九三九年，這種鳥籠式的自治再次行禮如儀，但接下來因戰爭逼近，即使是鳥籠式的地方自治選舉，也無法再舉行。

祖國事件

一九三六年三月，林獻堂與胞弟偕堂、次子猶龍參加臺灣民報社所組織的華南考察團，遊歷了廈門、福州、汕頭、廣州、香港等地。三月十六日，考察團抵上海，受到華僑團體熱烈的歡迎，林獻堂在歡迎會上致詞，脫口而出「此番回到祖國」，頗表興奮之情。這些談話被日本軍方特務所偵知，當日返回下榻的新雅酒店，就接到一封警告信。沒想到，返臺之後，《臺灣日日新報》跟著大加撻伐。

林獻堂氏壯漢に
祝賀式場で毆らる
某地に於ける言動が祟り

《臺灣日日新報》刊載林獻堂被毆辱

六月十七日，林獻堂受臺中州知事的邀請，出席了在臺中公園舉行的「始政紀念日」園遊會。突然有一日本人趨前遞給他名片，上面寫著「愛國政治同盟　賣間善兵衛」，另一手則遞出〈勸告文〉，指責他在上海時自稱「歸回祖國」是嚴重失言、是「非國民」，應該公開謝罪，並辭退臺灣總督府評議員等一切公職、退出臺灣地方自治聯盟、停止一切政治社會運動。林獻堂先是推說此事乃報紙誤載，又說「閣下的建議，我會好好考慮」；不料，這人大聲嚷嚷：「沒什麼好考慮了！」竟然出拳揮擊林獻堂右頰；一旁的楊肇嘉見狀大聲喝止，抱住賣間、阻止他繼續攻擊，林獻堂始得脫身。

原來，這賣間善兵衛是日本右翼大日本生產黨成員，不滿林獻堂在上海的發言，在臺灣軍參謀長荻洲立兵指使下，找機會公開羞辱他。臺灣名望人士、政治社會運動代表林獻堂被右翼浪人公開掌摑，茲事體大，當天下午，楊

林獻堂（前排中）、楊肇嘉（前排右）等人避居日本，與吳三連（前排左）、呂阿墉（後排左）、羅萬俥（後排中）、劉明電（後排右）等合影留念。（《楊肇嘉留真集》）

肇嘉、陳炘等人，立即前往向臺中州警務部長細井英夫表達抗議，第二天又北上，求見中川健藏總督，但並無法為林獻堂討回公道。兩天後，官報《臺灣日日新報》在二版大幅刊出報導，並逐字刊載賣間善兵衛的〈勸告文〉，教訓的意味十分濃厚。

此事顯示日本軍方與右翼氣焰正盛，當眾毆辱林獻堂正是給臺灣人一個警告。在此情況下，林獻堂辭去總督府評議員、《臺灣新民報》社長、臺灣地方自治聯盟顧問等職，然後避居日本不歸。地主派衡諸外在情勢嚴峻，已經無可作為，這年八月，臺灣地方自治聯盟召開第四次全島大會，宣布解散，組黨之議也因林獻堂已赴日避難，不再有人提起。

臺灣政治運動風雲一時，竟然至此田地，老同志們不得不各自盤算。隨著林獻堂到東京避禍，楊肇嘉也停止政治活動，舉家遷往日本，卜居於「退思莊」；接著，蔡培火率兒女全家離臺，在東京新宿開了「味仙」餐廳，滯留不歸。早先左翼運動家已一一就逮，右派政治運動家們又紛紛離臺避難，至此，臺灣政治運動陷入一片死寂。

難道，解放臺灣的努力已到了末路？

間接射擊

蔣渭水的得力助手謝春木，早早就思索著臺灣反對運動的未來。在一九三一年二月臺灣民眾黨被禁之後，他已看出反抗空間將被嚴重壓縮，體制內的溫和路線只是聊勝於無，臺灣人不再有機會與日本當局當面對壘。面對這樣不利的局勢，臺灣人的解放運動只有「地下化」與「間接射擊」兩條路，而尋求「地下化」的左翼運動、臺灣共產黨，已陸續遭到肅清。一九三一年七月他前往上海；八月，好友蔣渭水逝世，他並未返臺；十二月更將全數家眷接到上海。臨去前，他向友人吐露想法：

此行不為做官，亦不希望發財。倘能夠將自己多年來的體驗，用以貢獻於中國，便是自己無上的願望，至於功名榮達在所不計。今後願以一學究的態度，虛心攻研中國事情，自信定有一番事業可為。

貢獻於中國，經由中國之強盛，再反過來協助臺灣解放，這就是謝春木所謂的「間接射擊」路徑。不過，事情的發展並不如謝春木所想像那樣順利。

來到上海的謝春木，改名謝南光。他成立了華聯通訊社，在日本上海領事館的監視報告中，該通訊社是由國民政府、國民黨要員背後金援，專門提供批判日本侵略、軍國主義的新聞稿。因為反日色彩明顯，通訊社受到日本軍方極大壓力，經營困難，言論屢遭擠壓。相對的，中國政府則將謝南光視為「日本間諜」，又指控他是中國共產黨員，於一九三五年八月逮捕他。

像謝南光這樣投奔祖國、協助抗日的臺灣人，被稱為「祖國派」。他們熱愛祖國，義無反顧地獻身，卻不被祖國政府與人民所信任，在中日關係緊張、國共兩黨對立的複雜環境中，動輒得咎。對日本人而言，因為臺灣人具有日本人身分、卻從事抗日活動，往往成為日本警方監視追捕的對象。對中國人來說，臺灣人是日本國民、卻在中國活動，因此常被檢舉為日本間諜。更糟的是，在國、共、日三角關係中，國民政府與日本領事館警察也常合作，一起對付具有左翼色彩的臺灣人。

一九二四年因為臺北師範學校學潮而離開臺灣的李友邦，就面對這樣困難的處境。李友邦原名李肇基，臺北蘆洲人，他到廣州投考黃埔軍校，成為該校第二期學生，並與在廣州的臺灣青年組成了「臺灣獨立革命黨」，他在臺灣、日本、杭州之間往返，一九二七年在廣東成立「廣東臺灣革命青年團」。但這年四月，蔣介石發動清黨，李友邦因在黃埔軍校期間與左派人士接近，成為被清算的對象，在混亂情勢下逃到上海，十月十日被日本特高偵知，押送日本上海領事館羈押，但因罪證不足，不久獲釋。

出獄後，李友邦在杭州國立藝術專科學校謀得教職，又在一九三二年被國民黨特務指控他與共產黨人接近，關入浙江杭州陸軍監獄。這次，不像被日警逮捕那般幸運，祖國的監獄比日獄更難熬，他在獄中被刑求，右小腿骨折殘廢，頸部神經受傷，頭部經常不自主地搖擺，留下終身殘疾。他歷經多年牢獄之災，卻查無犯罪證據，最後在一九三七年下半年被釋放。

前農民組合成員侯朝宗（劉啟光）、在廈門的張邦傑、在廣東的柯台山等人，都在日本統治末期前往中國，意欲協助祖國抗戰、解救臺灣。這些人在戰爭末期，匯流到重慶，在國民黨的授意下組成「臺灣革命同盟會」，但國民黨政府對同盟會心存猜忌，另扶植翁俊明（旅日歌星翁倩玉祖父）成立「臺灣直屬黨部」。對外有日本侵略、內有共產黨奪權的國民政府來說，要面對一大堆亟待解決的問題，臺灣問題根本不值一顧。這些在重慶的臺灣人一心期待祖國重視，卻因資源稀少、處處受制，淪入慘烈的自相殘殺地步。

大亞洲主義的魅惑

一九三〇年的日本，法西斯主義傾向愈來愈濃厚，軍部勢力更加強大，右翼團體先後成立，他們打著「大亞細亞主義」的旗幟，訴求「東亞共榮」的理想，潮流席捲之下，日本社會主義、共產主義者也紛紛「轉向」。

時代氣氛急遽轉變，許多右翼團體在臺灣成立，成員以在臺灣的日本人為主，也有不少臺灣人加入。加入右翼運動的臺灣人有幾種類型：一種是御用仕紳、深受皇民化思想影響，順應時局追求自己財富地位的極大化；還有一種是利用時勢，企圖從中爭取臺灣人地位改善的空間。

一日，臺中眼科醫生宮原武熊、臺灣地方自治聯盟幹部陳炘在宴席上，爭論大亞洲主義問題。

這宮原武熊是留德的醫學博士，在臺中車站前開了一家宮原眼科，是臺灣數一數二的眼科權威，醫術沒話說。他與臺中地方仕紳頗有往來，又好發議論，被臺中州知事竹下豐次任命為州會議員，是在臺日人間的意見領袖。但他為人好勝，驕傲不馴，個性急躁，就如他的名字一樣，是個「武熊」。

陳炘，臺中大甲人，一八九三年生，慶應義塾大學理財科畢業後赴美留學，一九二五年美國哥倫比亞大學經濟學系畢業。他與林獻堂人努力發展本土資本，成立大東信託公司，是

陳炘

宮原武熊

位溫文儒雅的金融家。

「臺灣是大日本帝國的領土，應該呼應國內的愛國行動，成立亞細亞聯盟。」宮原向來對臺灣人的政治運動不以為然。

「臺灣雖是帝國的領土，但內地人與臺灣人無法融洽。不能平等，不能同心，組什麼亞細亞聯盟？」陳炘反問。

「如果要臺灣人支持帝國的大亞洲主義，同心一意對抗西方，那應該先從內臺融和做起，除此之外，別無他途。」陳炘很禮貌、但堅定地說。

「那我們找來臺中地方仕紳辦個座談會，聽聽大家的意見如何？」宮原不服氣。

一九三三年十二月十日，宮原武熊、陳炘、黃朝清、葉榮鐘、渡邊國弘、吉野秀公等人在市民館召開座談會，大家同意臺灣的大亞細亞主義應以內臺融合為基礎。二十九日，眾人在臺中公會堂（今民族路上）舉行「東亞共榮協會」成立大會，除宮原、陳炘擔任理事外，楊肇嘉、洪元煌、張煥珪、張聘三、葉榮鐘、黃朝清等人任委員，臺中州知事竹下豐次、仕紳林獻堂等人為顧問。〈東亞共榮協會宣言〉這麼說：

亞洲諸民族在歷史、地理、文化上具有緊密關係，因歐美勢力東漸，更加深了休戚與共的利害關係，如今已到了整個亞細亞背負著共同命運的境地。……

然而，真正的融洽、團結，不能只期待於官僚外交。須中日兩國人民皆意識到亞細亞民族的同命運。……須知我臺灣對於亞細亞聯盟的達成，擁有獨特使命與立場。時至今日，臺灣是日本領土最重要的構成部分……如何去除內臺人之間的不自然狀態，如何填補兩者之間的嫌隙、以振作渾然一體的皇道精神，委實是國家百年大計、現下日本非常時期的急務。……

這個〈東亞共榮協會宣言〉，猛然一看，幾乎與蔣渭水在一九二一年十月臺灣文化協會成立時的致詞相同，都強調臺灣人在中日提攜、大亞洲團結中扮演黏著劑的角色，但東亞共榮協會更強調：東亞共榮之前，應先致力內臺融和。

東亞共榮協會成立後，臺灣人這方積極活動，葉榮鐘出任機關報《東亞新報》總編輯，引進張深切、劉捷等人主導言論走向，批判日本統治的內臺差別待遇。

日本人不是傻瓜，東亞共榮協會成立之後的發展，引起右翼分子對宮原武熊等人加以攻擊，斥責他們為「叛徒」、「出賣在臺日人利益」、「貶低皇國民優越地位」。竹下知事也受到猛烈批評，協會成立未及半載，就被調走。在日本官民雙重壓力下，東亞共榮協會終於無法久存，一九三六年十月解散。曾親自參與東亞共榮協會的作家張深切對這個團體下了注腳，「表面上看來，未嘗不是冠冕堂皇，實際上卻是吳越同舟、同床異夢」，「臺灣社會運動史上最特殊的組織，也可以說是臺日兩民族智力鬥爭最精彩的一幕。」

儘管知道日本帝國倡議大亞洲主義，是為了成為東亞盟主，但大亞洲主義對臺灣人一直存在著莫名的誘惑。政治運動者利用這個主張，要求於殖民者，企圖擴展臺灣人的生存空間，取得相對的優勢位置。

不只是陳炘、葉榮鐘與日本人同組東亞共榮協會，諸多大亞細亞主義運動團體，都有活躍於政治社會運動的臺灣人參與。一九三〇年七月，來自廈門的臺灣籍民謝龍闊回到臺北，在大稻埕成立了「大同促進會」，臺灣社會運動家彭華英曾與之接近。一九三四年五月，「大亞細亞黎明協會」在大稻埕蓬萊閣酒家成立，黃白成枝、陳總、曾得志、張晴川、陳春金等人是要角。這些人曾是新文協、臺灣民眾黨成員、活躍於工人運動的左翼人士，現在則是為了「立足大亞洲主義，策進內臺融和、團結一致，共同謀求日支親善及東亞和平的確立，以及亞洲民族的生存權與文化發展」的目標而努力。

新民報被併

一九三七年七月，中日戰爭開打，臺灣進入葉榮鐘所說的「暴風雨時期」。

這年元旦，臺灣新民報社因為印製世界地圖惹了大麻煩。原來，報社在每年元旦都會優惠讀者，於發報時附送印刷禮品，這年配送世界地圖。這世界地圖是向大阪的印刷廠所訂製，不知哪個環節出了問題，竟將朝鮮半島與中國大陸同樣用了粉紅色印出，而不與日本列島同色。在戰爭時局下發生這樣的重大瑕疵，非同小可，幸好地圖並非報社自己印製，總督府警務局只要求新民報社道歉、回收，並未議處。但是，軍部不肯輕輕放過，唆使大日本生產黨流氓賣間善兵衛等人，屢屢到報社大吵大鬧，揚言要放火燒了報社。不久，臺灣軍參謀長荻洲立兵召來新民報社董事長羅萬俥、主筆林呈祿，下令廢止漢文版。

《臺灣新民報》於一九三七年創立滿五週年，報份突破五萬大關，與臺灣最大日文報《臺灣日日新報》已在伯仲之間。四月，日本人辦的北中南三大報《臺灣日日新報》、《臺灣新聞》、《臺南新報》同時廢止漢文版；六月一日，《臺灣新民報》也廢了漢文版，以漢文讀者為主的該報，受到重大打擊。

一九三八年一月，臺灣新民報社東京支局長吳三連被捕羈押二十一天。一九四〇年二月，抵不住來自官方的壓力，吳三連被撤職。諸般種種，主因是吳三連積極活動，反對臺灣總督府抑制米價的米穀統制政策。被免職的吳三連，自忖在日本已待不下去，因此亡命華北，改行做染料生意。

《臺灣新民報》的厄運還沒完，在軍部的壓力下，一九四一年二月《臺灣新民報》改名為《興南新聞》，希望免於遭官方合併。接著，報社主筆兼總編輯林呈祿改姓名為「林貞六」，出任皇民奉公會生活部長、總督府評議員等，與官方配合、步步退讓。但是，這些都不能使報紙免於被合併。一九四四年三月，《興南新聞》等全島六家報紙被合併，成為全臺灣唯一的報紙《臺灣新報》，由大阪每日新報社派員經營，臺灣人羅萬俥任副社長、林呈祿為董事，忝列其中。臺灣人唯一的言論機關，在戰爭時期終究被封口。

等待黎明

一九三七年中日戰爭開始，殖民地臺灣也無法自外於戰爭。由於殖民地人民未被賦予服兵役的「榮譽」，軍方所徵召的臺灣人，只能擔任軍伕工作，被嘲諷為「軍官、士兵、軍狗、軍伕」位階中最低下的角色。一九三八年九月，臺軍司令部以「徵用軍伕」名義，徵召臺北市名望人士前往修築工事，包括臺灣大家族板橋林家林熊祥、基隆顏家顏德修、律師陳逸松、李瑞漢、陳增全、吳鴻麒、醫生邱德金、施江南、葉貓貓、翁瑞春、企業家張鴻圖、江鼎元、陳金萬、黃逢春、郭雨新、《臺灣新民報》記者林佛樹等等。日本軍部徵用臺灣名望人士擔任軍伕、從事勞役，向臺灣社會示威的意味十分濃厚。

另一方面，臺灣軍司令官古莊幹郎早已公開發表談話：「島人陽表忠順，而陰懷不逞，常有非國民之言行舉動，一旦聞知，立即剪除！」在這樣的氣氛下，言論空間緊縮，知識分子受高等警察嚴密監視，動輒被捕下獄恫嚇，無故獲罪。

一九三七年九月，臺灣文化協會成員、臺中中央書局總經理莊垂勝無故被捕，接著中央書局的張星建、施學禮也被傳喚，主管思想的高等警察派員到家中搜索，帶走文件書籍數大包。莊垂勝並不知道為何被捕，拘禁了四十九日後釋回。

一九四〇年九月，民報新竹支局長黃旺成捲入「新竹事件」。

此事件起因是青年施儒珍。施儒珍是新竹人，一九一六年生，宜蘭農校畢業，因對祖國嚮往，曾偷渡到中國，遭日本領事館逮捕、送回臺灣。後來考入新竹州農林課任職，與王如欽、詹德知等人相熟，組成「南門俱樂部」。這詹德知，是黃旺成同居人李招治之子，幾位青年仰慕黃旺成是政治運動前輩，常常到黃旺成與長子黃繼圖律師家中議論時政，施儒珍等人並計劃潛到中國、協助抗戰。

恰在這當頭，新竹北門長和宮大牆外被張貼「打倒日本帝國主義」標語，特務將施儒珍等青年十餘人逮捕，以違反《治安維持法》論罪，施儒珍被視為主謀，判刑七年，其餘十餘人刑期不等。黃旺成也因此事被捕審訊，並監禁於新竹警察局內，三百日後方釋放。

可憐的施儒珍，在日本時代被捕下獄，戰後國民黨統治時期遭遇更加淒慘。他因白色恐怖案件遭追捕，弟弟將他藏在在家宅後側柴房築起的狹小假牆中，躲藏十八年之久，最終因病痛不敢就醫，死於自囚之室，家人不敢聲張，草草掩埋。

一九四一年十二月八日太平洋爭爆發這天，彰化名醫賴和遭臺中州高等警察課逮捕，這是他第二次被捕，前一次是在一九二三年治警事件發生時。對於自己為何被捕，賴和一無所知。

十八日，彰化高女學生丁韻仙也因思想問題被拘禁，與賴和一樣，關入思想犯的單人牢房。丁韻仙，一九二三年生，陳盧谷與丁琴英的女兒，過繼給舅舅丁瑞圖，而三叔正是發起臺灣文化協會成立的醫學校學生之一的丁瑞魚。在家庭影響下，丁韻仙有著明顯的抗日思想，加上個性倔強，豪不掩飾她的祖國情懷，在校早已被日本人師生孤立。一九四一年十二月，校方以丁韻仙藏有抗日文

就讀彰女的丁韻仙

字為由，要求她退學。生父陳虛谷、養父丁瑞圖、三叔丁瑞魚接到學校通知後前往瞭解，自動辦理退學。哪知第二天，警察竟以思想犯名義將丁韻仙逮捕拘禁於彰化看守所。

賴和在獄中見到高女學生丁韻仙也被逮捕，不禁疑問：「在學中的學生，豈有什麼不良的思想？」又見她日日被調去審問，自己卻被置於牢中不聞不問，很感心焦。個性倔強的丁韻仙與獄吏發生衝突，他勸女學生要學會妥協，但女學生堅持不讓，老醫生賴和認為「女兒家的性質，所以會受苦」。丁韻仙最後因思想問題被判處一年徒刑，父親丁瑞圖因日日憂鬱痛哭，在她出獄不久後病逝。三叔丁瑞魚則在一九四三年被強徵為隨隊軍醫，前往新幾內亞，同批十三位醫生中，只有他與張錫寶活著回到臺灣。

在被關了十二天之後，賴和從平靜、期待、不安、失眠、食不知味，到自疑、悲觀、哀求，尊嚴與意志一點一點受到摧毀。在《獄中日記》裡，他甚至這樣為統治者說話：

> 當國家非常時，尤其是關於國家民族盛衰的時候，生為其國民，其存在不能有利於國家民族，已無其生存的理由。況被認為有阻碍或有害之虞，則竟無有生存餘地。但國家總不忍劇奪其生，只為拘束而監視之，已可謂真寬大，余之處此，又何敢怨？

一直不知自己為何入獄的賴和，終於在第二十九日被高等警察課調去訊問，追問賴和與臺北醫學校同學、中國國民黨臺灣直屬黨部主委翁俊明的關係；又要他「說出向來所抱的不平不滿」，但因回答未獲滿意，再被冷置一旁。精神飽受摧殘的賴和，肉體也漸漸無法負荷，心悸與窘迫感日重，第三十九日的日記中記載，醫生認為他的心臟病是因為營養不良，他則擔心自己心臟病變。已感絕望的賴和，日記上說，「看看此生已無久，能不能看到這大時代的完成？真是失望之至。」四十多天後，賴和出獄，沒有等到光明的到來，一九四三年一月三十一日病死。

一九四一年，臺灣南部爆發鳳山事件、東港事件，一片風聲鶴唳、人心惶惶。十一月，日警逮捕鳳山地區前臺灣文化協會成員吳海水、蘇泰山等多人，嚴刑逼供下虛構案情，又牽連東港地區張明色等人，攀誣臺南的歐清石是「東港陰謀叛亂事件」主謀，事件共牽連二百多人。甚至，臺北州特別高等課警察佐佐木多次騷擾臺北的執業律師陳逸松，要他承認共謀，傳聞包括林獻堂、陳炘等「不協力分子」都在羅織之列，政治冤案有擴大之勢。最後，幸好總督府及時阻止。

歐清石是澎湖馬公人，一八九八年生，總督府國語學校畢業後，當了一陣子的教師，又到早稻田大學留學，通過司法、行政兩科高等文官考試，取得律師資格，返臺後在臺南開業，頗受肯定，一九三五年被選為臺南市會議員。雖然他並未參加過政治運動，但為民伸冤，屢有不滿日本統治言論，以硬漢之名著稱，成為警察的眼中釘。一九三七年中日事變後，軍部勢力囂張，竟以戰時勞務名義，派他到路口指揮交通秩序，擺明是要屈辱他。

東港事件擾嚷三年，共逮捕二八三人，最後，歐清石、吳海水、郭國基等人被控計劃配合中國軍隊登陸作戰，脫離日本統治，牽連甚廣，多人在審訊過程中死於獄中。一九四四年十一月，歐清石被高等法院判處無期徒刑，監禁於臺北刑務所（今金山南路、愛國東路一帶，華光社區附近）。一九四五年五月三十一日，臺北市遭美軍大空襲，臺北監獄遭炸彈擊中，歐清石不幸死於獄中。此時距離日本戰敗，只有七十五天。

第九章

迎接新時代

一九四五年八月六日，盟軍在廣島投下第一枚原子彈。三天後，又在長崎丟下另一顆原子彈，日本本土傷亡慘重。

「朕鑒於世界大勢與帝國現狀，欲以非常處置收拾時局，並告知爾忠良臣民。朕對美、英、中、蘇四國宣告，帝國政府接受其共同宣言……」，八月十五日正午，臺北執業律師陳逸松在他的事務所專心聆聽老收音機傳出來嘈雜、微弱的聲音，昨日就已聽說天皇將有「玉音放送」，想必是重大消息。但因聽不清楚，就將收音機關了，步出律師事務所，前往大稻埕「山水亭」飯館，與老友王井泉聊天。兩人才打開話匣子，幾年前因東港事件約談陳逸松的臺北州特高警察佐佐木忽然倉皇衝進來。

「陳先生，你對這事有何感想？」佐佐木急切地問。

「只有遵照天皇指示，繼續堅定作戰吧！」陳逸松隨便敷衍。

「但是，天皇玉音放送，宣布日戰敗投降了，難道是我聽錯了嗎？」佐佐木喃喃自語，匆匆騎腳踏車走了。

這下，陳逸松與王井泉兩人四目相望，愣在那裡。

「佐佐木不像開玩笑，你是不是聽廣播聽錯了？」王井泉問。

「我那臺收音機根本聽不清楚。佐佐木說的恐怕是真的，日本戰敗了！」陳逸松大感吃驚。

兩人靜默了好久，思緒複雜。

「日本若輸了，我們所期待的理想社會就要實現了，好好努力吧！」王井泉輕聲地說，陳逸松才稍稍回過神。

不久，佐佐木又轉回來，他激動地大哭：「日本戰敗了！日本戰敗了！」陳、王兩人默默無語。

靜觀時變

這日中午，林獻堂也聽了天皇的廣播，深深感嘆五十年來以武力得取的江山，也將因武力而失去。家裡來了幾位好友、長子攀龍、三子雲龍，大家都討論著此事，實在想不到日本會敗得這麼快啊！

次日，林獻堂拜會臺中州知事清水七郎、警察部長石橋內藏之助等人，商議是否需協助維持治安；接著，陳炘、黃朝清、張文環等地方人士都來拜訪，希望他出面組織治安維持會。但時局不明，沒有官方的指示，林獻堂不敢妄動。連著幾日，因為精神太過興奮與緊繃，林獻堂都得服用安眠藥才能入睡。

在新竹的黃旺成也聽了天皇的廣播，地方上不少人流下淚來。自捲入新竹事件後，黃旺成心理壓力極大、時時提高警覺，雖然聽聞日本戰敗，仍不敢相信。十五日晚上與友人步上頂樓，細聲確認此事。又有朋友送來金雞酒，眾人低調小酌，互相叮囑「小心謹慎、不要喧譁」。他一面注意時局消息，一面時時提醒自己「保持冷靜、不輕言為戒」。

八月十五日這天，臺南的醫生吳新榮本來打開收音機想要收聽天皇廣播，但卻沒電。晚上好友鄭國津慌張跑來，告知天皇廣播內容，嚇了一大跳。第二日照常出診後，與幾個朋友來到郊外，四人脫了衣裝跳入溪中，「洗落十年來的戰塵，及五十年來的苦汗。」上了岸，向著溪面大叫：「今日起，要開始我們的新生命啦！」八月十六日的日記中，吳新榮寫下：

> 噫！悲壯乎！歷史的巨大轉變是在一日之中、一時之間發生。感慨無量啊！自今日起，雖說是和平的第一日，但難免有一種不安、無限的動搖。總是，要光明的前途，必須要再努力、勉勵而已。
>
> 往後數日中，要謹慎，靜觀世界的大勢。

接著幾日，蘇新、郭水潭、鄭國津、莊培初等好友陸續來訪，但眾人皆低聲討論，不敢喧譁，「總是時局未定，個個都感覺不安。」

八月十六日晚間，臺灣總督安藤利吉透過臺北放送局對全島人民廣播：

……世界大勢、戰局推移於我不利……本總督對六百七十萬島民的努力深表感激，對島民的無辜犧牲深感同情。

今大詔發表，對臣民今後的方向明確指示，希望達到世界和平，臣民安寧的結果。……切不可因一時感情而輕舉妄動，忘記做為國民今後的責任，釀成國內不安、失去國際信義。……官吏應奉行聖旨，尤其島民的先達們，此際一舉手一投足，影響島民甚鉅，應堅定自持，為島內治安之維持與島民生活之安定而努力。

日本戰敗，臺灣社會一片靜肅、人人謹慎自持。雖然多數臺灣人感到喜悅，因為戰爭結束，不必再受戰爭管制、盟軍轟炸之苦，卻是不敢公開慶賀。人們知道，在臺灣的第十方面軍部隊近二十萬人尚駐紮在島內，他們裝備精良、糧食充足，一旦不願投降、寧為玉碎、誓死奮戰到底，後果尚難逆料。再說，即使日本戰敗、臺灣未來將會如何，情況還不明朗；臺灣人會被如何處置，也無人能預測。

更可怕的是，戰爭末期流傳一種說法，說是日本政府已經擬好一份名單，一旦美軍登陸，就會把名單上的臺灣人全部殺害，以免他們呼應美軍、與日本為敵。從南到北，吳新榮、莊垂勝、陳逸松、吳濁流，大家都聽過黑名單的流言，現在日本真的戰敗了，不知是否會對臺灣菁英下狠手段？

日本五十年的統治、戰爭末期的白色恐怖，已讓臺灣人心存警戒，在時局未明之前，謹慎以對。

御用仕紳的臺灣獨立運動

但是，也有一部分臺灣人為日本戰敗感到痛惜，尤其是與日本政府緊密關連的御用仕紳。

臺灣第一御用仕紳辜顯榮已於一九三七年過世，家族事業由辜振甫主持。辜振甫，一九一七年生，自幼稚園起就受日本人一樣的教育，被《臺灣新報》總主筆伊藤金次郎描述成「容姿端麗、舉措闊達，頗有貴公子氣質，在日本軍、官方的社交圈中，是不可或缺的存在」，「不似上一代賭棍式的粗漢作風，其長袖善舞型的社交風格，更被視為臺灣頂尖人物。」然而，由於日本戰敗，辜振甫的人生從九重天上跌落到地獄谷底，成了歷盡滄桑的人物，為了與日本劃清界線，他盡了極大的努力、使盡所有手段。

戰爭末期，辜家在上海的財產因戰局激化即將泡湯，辜振甫央託臺灣軍高層，以軍隊機關名義，將三五〇萬圓匯回臺灣。為了表達對軍方的謝意，將其中一百萬圓捐贈為軍人遺族援護費，當時報紙還以〈辜振甫氏之美舉　捐獻軍人援護費　一出手即百萬圓〉，稱許他的慷慨豪舉。不料，日本即將敗戰！辜振甫與其說捨不得這一百萬圓，毋寧說是擔心此事被中國官方知道，後果不堪設想。因此，他翻臉不認人，反過來向軍部索回這筆鉅款。伊藤金次郎認為「這是需要相當厚臉皮才做得到的事」，但翩翩貴公子為了家族前途，不得不厚著臉皮這樣做。

日本戰敗、中國接收，這對辜家將是致命的衝擊。此刻，辜振甫另有謀算。他與軍部少壯軍人中宮悟郎、牧澤義夫密謀，不甘投降，準備倡議臺灣獨立，於是與臺北許丙、板橋林家林熊祥等人祕密會議，計劃號召更多仕紳組成臺灣政府，後來被稱為「草山會議」。

八月十九日，許丙、藍國城（藍家精）前往霧峰拜訪林獻堂，但不知是否另有顧慮，並沒有開口提出參加獨立運動的邀請，只是建議北上求見總督。八月二十日，三人拜會安藤總督，詢問是否需協助維持治安等等。

八月二十二日，正當簡朗山、杜聰明、羅萬俥、林呈祿等人拜會安藤利吉總督之時，辜振甫、許丙、林熊祥等人也前往，說明獨立意向。安藤總督一聽，認為茲事體大，全力阻止，並且再次發表談話。八月二十四日的《臺灣新報》報導了此事：

處於新事態下，本島應如何？尤其是本島的歸屬、在臺日人的歸趨、當前的施政等問題，是現在島民最關心的事。以最近本島人有力者的來訪為契機，安藤總督對於時局的急遽變化與本島之今後，簡明率直地揭示其方針……特別勸戒島民切勿輕舉妄動，並明白表示絕不容許獨立運動或自治運動。

因為安藤的公開談話，戰後首宗獨立運動戛然中止。八月三十日，獨立運動遭總督阻止後，牧澤義夫態度轉變，反過來勸林獻堂往南京一行，歡迎即將前來接收臺灣的陳儀。次日，推動獨立運動的辜振甫、許丙、林熊祥竟然幡然改變，也隨同林獻堂一同出發往上海、南京拜會國民黨要人，歡迎陳儀來臺。御用仕紳雖然不甘，卻並無決心，草山會議上獨立運動之議，草草落幕了。

九月六日，國民政府委員長蔣介石命何應欽將軍通知安藤利吉總督，邀請林獻堂、羅萬俥、林呈祿、陳炘、蔡培火、蘇維梁六人到南京參加受降典禮，這件事意味著中國政府即將統治臺灣，並且對臺灣人釋出善意，情勢已逐漸明朗。

祖國邀請林獻堂等人赴南京參加日軍受降典禮消息傳開，人們頓時安心不少。臺中仕紳陳炘、葉榮鐘、黃朝清、張煥珪、王金海、洪元煌、莊垂勝等人，開始組織「歡迎國民政府籌備會」，不再顧忌日本官民的感受，他們搭牌樓、寫標語，規劃遊行活動，積極準備歡迎新政府。

政治真空期

敗戰的日本與等待接收的臺灣總督府，已經失去統治權威，日本警察也不再似過去張牙舞爪，各地陸續出現盜伐官有林地、海岸防風林、拆毀公共建築物、橋梁、製糖會社鐵軌、國小教室門窗等治安問題。歡迎國民政府籌備委員會貼出告示：

> 臺灣光復，群情振奮，舉島歡騰，宛如久病復甦，莫不欣欣向榮，誠可喜之現象也。

歡迎國民政府籌備會臂章

然而，舊政解紐，新政未孚，當此青黃不接之秋，事在左右為難之際，地方不無蒙昧兄弟，伺隙為非，乘勢逞凶，擾亂社會秩序……況新政府蒞臨在即，倘聞情究辦，不但關係者難辭其咎，即吾省民亦將無顏見祖國同胞矣。願我兄弟顧念先人勳勞，明白光復大義，而今而後，知過必改，棄惡習從良風，庶幾新臺灣建設之成效可期，而大國民之襟度無虧也……

吳濁流

從八月十五日到十月中，正是舊政已頹、新政未立的狀態。《臺灣新報》也由日本人手中，換成副社長羅萬俥為首的臺灣人掌控。新進的記者吳濁流，對當時的狀態稱之為「政治真空期」。在此無政府狀態下，臺灣人展現了進步國民的紀律：

島民似一日千秋，又像孤兒迎接溫暖的母親般的心情，等待著祖國軍隊的來臨。由於很久祖國都沒有來接收的關係，政治完全成為真空狀態了，於是大家就自動地在各街各庄

> 組織了三民主義青年團，自動擔當各地的治安工作。這種處在真空狀態而能民心一致地完成自治工作的，恐怕在世界政治史上是罕見的吧。
>
> 這些團員，既沒領取報酬，也沒接受任何人的命令，一直從八月十五日到接收人員來臺灣為止，兩個月間的治安都由他們確實負責下來……各地青年輪流擔任，而一絲不亂地把真空狀態平安度過，這件事，乃是島民的榮耀而值得大書特書。

在高雄，醫生彭清靠被推舉為地方委員會的主席，他是日後擔任臺大教授、發表〈臺灣人民自救運動宣言〉的彭明敏的父親。彭清靠負責於中國政府來臺接管之前，協助維持地方治安，希望「實現光明的新時代」。另方面，他也組織地方人士，準備歡迎新政府到來。他多次受到通知，說中國軍隊將於某日抵達，歡迎工作立即展開，包括購置炮竹、歡迎旗幟在

各地都搭起歡迎新政府牌樓

高雄碼頭搭建牌樓、臨時亭架，購置大批滷肉、汽水、點心等等。民眾興高采烈地登上碼頭牌樓高處，翹首張望海上祖國政府船艦的蹤影，但是，中國軍隊抵達的日期屢次延後，準備好的大批食物極易腐敗，使得民間耗費不貲。

美國老大哥

等不到祖國軍隊來臨，美國老大哥倒是先到了。一九四五年九月一日、五日、八日、十日，分別有幾批人數不等的美國軍方戰略情報處（Office of Strategic Service；ＯＳＳ）人員從基隆、淡水登陸。這戰略情報處，是美國軍方於珍珠港事件爆發後才成立的情報機關，戰爭期間與中國方面戴笠所領導的情報機關軍統局共同成立「中美合作所」，交換戰爭情報。一九四七年七月，經美國國會立法同意，戰略情保處改組為國家安全會議下的中央情報局（Central Intelligence Agency；ＣＩＡ）。

美軍戰略情報處人員先於中國政府抵達臺灣，他們的任務是：與臺灣總督府協商，安排中國軍隊占領臺灣；確認盟軍戰俘人數，並予接管；蒐集臺灣政治、經濟、社會情報，包括共產黨活動情形，及臺灣人的政治意向。

跟隨美軍戰略情報處人員來臺的，有三個中國人，他們是張士德、黃昭明與黃澄淵。

張士德本名張克敏，臺中大甲人，日本時代曾經參與臺灣農民運動，戰爭時期前往中國。黃昭明是福建廈門人，軍統局情報人員。黃澄淵，福建龍溪人，曾任中國國民黨福建省黨部委員、青年團幹事，此刻自稱「福建省政府顧問」。

張士德上校以臺灣義勇隊副隊長的名義返臺，他的任務是號召臺灣人組織「三民主義青年團」，將臺灣人組織起來、防止四十多萬日本軍民抵抗，協助國民政府接收臺灣。他先找上臺北聞人陳逸松，任命他為「三民主義青年團中央直屬臺灣區團部主任」，由陳逸松陪著他到處走透透。

陳逸松，宜蘭人，東京帝國大學法學部政治科畢業，在校時曾加入東京帝大左翼學生所組成的「新人會」，與日本共產黨人來往密切。一九三一年通過司法科高等考試，取得律師資格後，加入「自由法曹團」，擔任社會運動救援工作，被稱為人權律師。一九三三年，他返回臺灣，在臺北太平町（今延平北路）開設「陳逸松法律事務所」，為民伸冤、仗義執言，是日本時代的「人權律師」，一九三五年曾當選臺北市會議員。他也喜好文化活動，資助作家張文環、文化人王井泉等創辦《臺灣文學》雜誌。

張士德這第一個由祖國回來的臺灣人，人人稱呼他「張大佐」，所到之處，受到熱情歡迎，莫不是獅陣、鑼鼓、鞭炮聲響徹雲霄，各地仕紳殺豬宰羊、爭相招待，簡直比迎媽祖還風光。日後回想起來，陳逸松說，包括他自己在內，沒有人知道三民主義青年團到底是什麼組織，「但是每一位有良知、有血性的人，都想對祖國有所奉獻，很多人都湧來參加青年團。」三民主義青年團臺北分團很快就組成，王添灯、林日高、黃啟瑞、謝娥分別擔任幹部。

在臺南佳里的醫生吳新榮，也收到陳逸松的通知，說是「祖國的人來了」，要求協助成立青年團。

陳逸松、吳新榮、蘇新都出生於一九〇七年，在日本求學時就互相熟識，也都加入了社會主義團體「臺灣學術研究會」、留學生團體「臺灣青年會」，彼此間有生死相交的情誼，被稱為「三隻同齡羊」。吳新榮是臺南鹽水港人，東京醫學專門校畢業，在校期間曾因左翼活動被捕，入獄二十九日。一九三二年返回臺灣，在臺南佳里開業行醫。他醉心於文學創作，參加臺灣文藝聯盟，自許「醫學為本業、文學為情婦」，一九三九年曾當選佳里街協議會員。

蘇新，臺南佳里人，曾就讀東京外語學校，一九二八年曾加入日本共產黨，協助新文協創辦《臺灣大眾時報》，後來加入臺灣共產黨，並返回臺灣，在宜蘭太平山一帶發展工人運動。一九三一年因為臺灣共產黨大檢舉被捕，入獄十二年，一九四三年出獄後回到臺南定居，在吳新榮的協助下擔任佳里油脂公司的專務理事、又從事養兔事業，並在吳新榮作媒下結婚，妻子蕭不纏是革命戰友蕭來福的妹妹。蕭來福與蘇新相識於東京，又與他是基隆煤礦區的運動同志，兩人情如兄弟。一九三一年的大逮捕後，蕭來福也入獄十年。

一九四六年二月，蘇新與蕭不纏寄居臺北延平南路陳逸松家，產下女兒，為她取名「慶黎」，寓意「慶祝黎明到來」。日後，蘇慶黎活躍於一九八〇年代的黨外民主運動，主持《夏潮雜誌》，承繼父志，醉心社會主義。

面對新時代的到來，陳逸松、吳新榮、蘇新都熱心奔走組織三民主義青年團的。吳新榮說：

> 這時候中國國民黨還沒派人到臺灣，所以大概所有的進步分子熱血青年都走到青年團來，而且青年團在國內已成立一個「中央直屬臺灣區團」，這個響亮的名字已使

蘇新（《未歸的臺共鬥魂》）

吳新榮（《吳新榮日記》）

陳逸松（《陳逸松回憶錄》）

每一個來投者都感覺非常地光榮和驕傲。

不只臺北與臺南，全臺各地，包括新竹黃旺成、臺中張信義與楊逵、嘉義劉傳來、高雄吳海水等都協助成立青年團分團，甚至花蓮、臺東與澎湖都無例外。雖然大家都不清楚青年團是什麼組織，但在祖國軍隊尚未到達之前，他們負責維護治安、處理糾紛、保護公產，要讓臺灣人以最具尊嚴的方式，與祖國相見。

祖國來了

翹首期盼許久，中國政府仍無動靜。民間已經傳言紛紛，除了聽說陳儀將來接收臺灣，還傳說謝南光是副主席，軍司令官是李友邦，「臺灣人出頭天了！」人人對於未來充滿期待。

終於，十月五日，臺灣行政長官公署祕書長葛敬恩、臺灣省警備總司令部副參謀長范誦堯等「臺灣省前進指揮所」、憲兵第九團士兵一行共七十一人，搭乘美國五架運輸機抵達臺北松山機場。臺灣總督府參謀長諫山春樹等官員與挺著閃亮軍刀的日本兵，列隊歡迎。但因擔心日軍不馴，葛敬恩竟然龜縮不出，推著警備總部副官處少將處長王民寧率先下機，同機抵臺的中央社臺灣分社籌備處主任葉明勳日後憶起這個場景，直言：「這是什麼漢官威儀？」

在第一批抵臺的中國軍政人員中，有四位臺灣人，包括外交部特派員黃朝琴、長官公署專門委員李萬居、臺灣區廣播電臺接收專員林忠、以及警備總部少將處長王民寧。林忠事後證實，從重慶出發時，接收人員很擔心日軍會不會反抗，「此際竟然意外的、沒有想到我們當日並未遇到什麼困擾，反而受到臺灣同胞的熱烈歡迎。」各地民眾對於祖國來的接收人員籌備了各式歡迎會，同時以同鄉或同姓名義邀宴，臺北市就如迎神賽會般熱鬧。

十月十日，是日本戰敗後第一個中華民國國慶日，各地都舉行了慶祝活動。吳濁流描述了臺北市公會堂（今中山堂）他所目睹的情況：

當天上午八點鐘左右，無數的民眾就集合在公會堂前面，是個相當擁擠的大熱鬧場面。市民、學生、各團體的行列，比戰前大稻埕每年五月十三日舉行的大拜拜要盛大得多。詩意藝閣、獅子隊、舞龍、各種樂隊、武裝的大刀隊，甚至范將軍、謝將軍也跳出來，喧天價響的鑼鼓聲，浩浩蕩蕩的行列接二連三，沒有止境地走過公會堂前面，遠至高雄、臺南、嘉義、臺中、新竹等地的人們都前來參加。

公會堂裡面的會場上，由全島有志者聚集一堂，臺上臺下沒有立錐之地。

民間所辦的《民報》在這日創刊，十一日報紙上以「祥瑞瀰天萬眾歡騰　熱烈舉行慶祝大會　全省若狂情況極為踴躍」為標題，報導當天盛況。林獻堂在慶祝大會上呼籲每位省民應自覺為中華民國之一分子，應努力吸收祖國文化。林茂生身著長袍、慷慨致詞，他形容臺灣人離開母親懷抱已五十一年，其中慘狀無可言喻，但臺灣人心向祖國，證明日本之教育完全失敗，今後當發揚民族精神、貢獻於國家。

臺南佳里街各界聯合慶祝大會上，吳新榮胸懷激動：

十月十日的雙十節是臺灣光復後最初的國慶日，我們主倡聯合各界，於國民學校的大運動場，舉行慶祝典禮。參會者兩千多人，齊向南京中山陵遙拜，然後上大街路遊行，最後齊聚於郡役所前的大廣場。我們在露臺上領導大眾，高呼「大中華民國萬歲」的口號，聽到大眾的反應時，不禁感動而流淚。

十月十七日，陸軍第七十軍軍長陳孔達率領部隊搭乘美軍運輸艦、在美軍軍機掩護下抵達基隆港。基隆碼頭上人山人海，民眾爭先恐後，歡聲雷動。

但軍艦開入船塢，放下旋梯，中國軍隊走下船來，並非想像中雄赳赳、氣昂昂的勝利軍隊模樣。只見一個個不像軍人、倒像是苦力的人，一根扁擔跨在肩頭，兩頭吊著雨傘、棉被、鍋子、鞋子，有的沒的，大部分的人連槍也沒有；腳上的綁腿也離離落落、亂七八糟。他們似乎沒有秩序或紀律的概念，推擠著下船，對於能踏上穩固的地面，很感欣慰似的。面對排列兩側、帥氣地向他們敬禮的日本軍隊，中國士兵有些遲疑、怯生生地不敢正視。

擁擠的、爭先恐後的群眾，此刻睜大眼睛、張著口，無法置信，「這就是祖國的軍隊？」喧譁聲沉寂了下來。

七十軍進了臺北市。市民早聽說國軍來了，男女老幼全都湧到街上，整個城市沸騰一般。長官公署前面（今忠孝東路、中山南路口

七十軍抵臺（美國國家檔案局）

的行政院）鑼鼓隊、獅子陣、學生隊、三青團的行列浩浩蕩蕩，甚至，日本人中學生、女學生、日人仕紳教授們也被動員出來列隊歡迎。

「來了！來了！祖國的部隊來了！」

擠在人群中的吳濁流，拉長脖子想要看清楚，日夜期盼的祖國軍隊，到底長得什麼樣子？

但那些軍人都背著傘，使我產生奇異的感覺。其中也有挑著鍋子、食器、以及被褥的。感覺非常奇怪，這就是陳軍長所屬的陸軍第七十軍嗎？我壓抑著自己強烈的感情，自我解釋說，就是外表不好看，但八年間勇敢地和日本人作戰的就是這些人啊！實在太勇敢了！當我想到這點以安慰自己的時候，有一種滿足感湧了上來。（吳濁流，《臺灣連翹》）

日夜企盼的祖國軍隊竟然是這副模樣？臺灣人急忙轉念，為他們辯解。臺灣街市中傳出另一種說法：「你不要小看這些祖國兵喔，他們揹著雨傘，雖然不好看，但是當遇到敵人時，傘一張開，可以飛天呢！」

「你以為祖國軍隊怎麼打敗日本兵的？他們厚厚腫腫的綁腿裡，綁著鉛塊呢！平時練腳力，緊急時就可以飛簷走壁啊！」

善良的臺灣人，努力為祖國軍隊的困窘模樣提出解釋，也撫慰自己的信心危機。

但是，不符常理的事情卻愈來愈多。吳濁流出席祖國回來的友人的歡迎會，席上，這位臺北師範學校的學長這樣說：「中國是一個奇特的國家，和日本頗為不同。在日本，二乘二只有一個答案：那就是四。但在中國不同，二乘二會變成三、或五，甚至有時候會變成六或八也不一定。」二乘二為什麼會變成三或五？六或八？吳濁流怎麼想，也想不透。

十月二十四日，陳儀長官終於飛抵臺

陳儀抵臺（台北二二八紀念館提供）

北松山機場，戰後創辦的《民報》這樣形容，「臺北市民歡喜若狂、萬人空巷、人山人海、情況熱烈、空前未有。」陪同陳儀一同抵臺的國民政府蔣委員長侍從室祕書邵毓麟，看到機場內擠滿長官公署、警備總部、臺灣總督府官員與日本高級軍官，場外則擠滿臺灣一般老百姓。他也和陳儀搭乘同輛汽車向市區進發，沿途老百姓扶老攜幼，黑壓壓一片人山人海。曾經參與國民政府接收京滬工作的邵毓麟，感慨萬千。

「這樣歡迎的行列，要比何應欽總司令抵達南京的情形更為熱烈，可見國土與同胞淪陷愈久，重歸祖國懷抱的熱忱愈烈啊！」

因為京滬地區接收失敗，「五子登科」、「劫收」橫行，邵毓麟深有所感。

「陳長官您要好好對待臺灣同胞，一切須以收復民心為主啊！」邵毓麟發自內心地建議。

當晚，陳儀長官透過臺北放送局廣播，訓示在臺灣的公務員要認真為民服務，切記「不偷懶，不撒謊，不揩油」。臺北帝國大學醫學院教授杜聰明教授在收音機旁，專心聆聽陳儀長官的首次談話。

「不偷懶，不撒謊，公務人員不都應該這樣嗎？」

「不揩油？揩油是什麼意思呢？」

杜聰明心中浮出奇異的感覺。

福爾摩沙報告書

美軍戰略情報處人員經過幾個月的忙碌，已經完成臺灣政治、經濟、社會各方面情報蒐集的工作。他們透過通譯，與臺灣總督府官員、臺灣軍司令部軍官、在臺日本人接觸外，也對臺灣主要仕紳、意見領袖進行了訪談。

一九四六年一月，戰略情報處在臺小組完成了一份〈福爾摩沙報告書〉（A Report on FORMOSA〔TAIWAN〕）。報告中除了詳盡記載五十年來日本統治臺灣情形、一九二〇年代以來臺灣政治社會運動過程、臺灣人各種運動團體的成員、活動與訴求外，也密切掌握了戰後初期臺灣各地三民主義青年團組織及成員的相關情報。

報告書中，戰略情報處人員對包括活躍於抗日運動的林獻堂、羅萬俥、陳炘、臺南高等工業學校教授林茂生、曾在中國浙江大學任教的廖文毅、臺北富商許丙（新象基金會創辦人許博允之祖父）、臺南仕紳辛西淮（戰後臺南市長辛文炳之父）、新竹仕紳張式穀等十數位臺各界菁英做了訪談。訪談的重點之一，是有關臺灣歸屬問題。

「臺灣人已經準備好、也願意與中國政府合作，希望在島上建立自由與民主的生活。中國統治是最能夠被我們臺灣人所接受的方案，因為中國是臺灣人的先祖故土，我們在種族、語言、習慣上有共同的基礎。」林獻堂說。

「臺灣與中國連結，必能夠普遍繁榮，我們樂於成為中國的一部分。」許丙表示。

「但是，並不是成為中國的『殖民地』。」

「成為中國的一部分之後，本土臺灣人將有機會在中國政府任官，或進入世界版圖，會比局限在小小臺灣更有成功的機會。」許丙做著美夢。

羅萬俥、林茂生、廖文毅三人一起受訪，他們分別是美國賓州大學政治學學士、哥倫比亞大學哲學博士、俄亥俄大學化工博士。

「戰後現下的情況，臺灣人的種族意識高過獨立情感。」

「臺灣能成為中國的一省是最好的，因為臺灣太小了，如果成為獨立國，未來無法在國際事務上發聲。」留美菁英們如此判斷。

「但是，受過教育的臺灣人並不希望臺灣成為中國的『殖民地』，而是由臺灣人掌控自己政府的一個省分。由本土臺灣人組成政府，取代從中國來的、對臺灣缺乏真確認識的官員所統治。」三人特別提醒。

戰略情報處訪問了各方代表人物，眾人的看法大致相同。

於是，〈福爾摩沙報告書〉中「臺灣人對中國人的態度」一節，做了這樣的歸納：

> ……大多數被訪問的臺灣人的反應是，島上的人民期望成為中國的一個獨立省分，但並不是來自中國大陸的官員所統治的「殖民地」，而是由臺灣人自己所統治。臺灣人希望與中國聯盟（alliance），主要是因為中國是「祖國」（mother country），雙方有著同樣的語言、文化、與歷史……
>
> 臺灣人只願與中國成為聯盟，因為有種族、習慣與宗教等方面的自然關係。他們反對與美國、英國或其他盟國關連，因為與這些國家缺乏共同性。他們也理解到，臺灣無法單獨成為一個小的獨立國家、而仍能在世界事務上發聲，所以希望透過與中國聯盟，進而與國際接觸。臺灣人願意與（目前仍在臺灣的）日本統治者合作，但既不欣賞也不喜歡所有日本人，包括在臺出生者，希望儘早遣返日本人。

戰略情報處的這份報告可以說是臺灣現代史上第一份民意調查，雖然訪談人數不多、而且僅限於菁英階層。這些臺灣人菁英的意見十分務實，臺灣願意成為中國的一省，除了情感因素外，最主要是理性盤算。更值得注意的是，他們強調，不願成為中國的殖民地，而是由臺灣人自己統治。

他們樂觀地認為，日本時代努力追求的目標——臺灣自治，即將實現，臺灣人終於出頭天了！

但是，接下來的發展，完全出乎意料之外！

第十章

祖國來的殖民者

一九四六年二月，警備總部忽然逮捕辜振甫、林熊徵、林熊祥、許丙、簡朗山、陳炘、詹天馬、徐坤泉、黃再壽等十多位仕紳。民間震動，議論紛紛。

「聽說是為了草山會議、陰謀獨立的事。」

「據說獨立政府計劃以林獻堂為委員長、林熊祥為副委員長、杜聰明為教育部長、羅萬俥是經濟部長、辜振甫為總務部長、許丙為顧問……」

「事情不只這樣，還有數十名、上百名人列入逮捕名單！」

「可是陳炘為何也被捕？他是抗日分子，怎麼會陰謀獨立？」

「去年陳炘訪問南京，回臺灣後，在餐會上公開批評浙江財閥的橫霸作風，他所組織的大公信託公司，就是要對抗江浙財閥的呀！這樣大膽作對，怎麼不被捕啊！」

傳言紛紛、言之鑿鑿，臺灣仕紳人人自危、坐立不安。

漢奸逮捕事件

一九四六年一月十六日，臺灣省警備總司令部發布〈第五六號公報〉，奉國民政府陸軍總司令何應欽之令，全國各地舉行漢奸總檢舉，臺灣自一月十六日到二十九日兩週內舉行漢奸總檢舉；公告要求「全省民眾應盡量告發過去日寇統治臺灣時所有御用漢奸之罪惡」，警總將為檢舉者保密。三十一日，警備總司令部總共收到民間踴躍檢舉文件三三五件。

沒多久，警備總部大肆出動，逮捕臺灣仕紳十數人入監，並有風聲逮捕行動將會擴大，有百數十人都在逮捕名單上。

二月十九日，林獻堂也接到臺北來的電話，警備總部通知明日將約談。第二天一早他立即北上，下午四時，林獻堂在任職於警備總部的姪子林正澍陪同下，面見警備總部調查室主任陳達元。

「聽說你參加了草山會議、密謀獨立？」果然是因為獨立之事被約談。

「絕無此事，我並不知道這件事。」

「獨立計畫不是推舉你為委員長嗎？」

「不可能啊，我自始就是歡迎祖國統治啊！」

「還有人密告，日本戰敗後有兩匪首擁護你，若政府待你不好，一同入山反抗？」

「這是無稽之談啊！從來沒這回事。」林獻堂真不知道這些謠言從何而來。

「還有人檢舉說臺中地區很多日本人的財產都換到你的名下？這可是阻礙政府接收的事！」陳達元再問。

「確有幾位日本人舊友，因為即將被遣返回日本，將一些財物託我管理。財產轉移我名下，是萬萬沒有的事。」林獻堂小心翼翼解釋。

「你有日本貴族院議員的身分，不就是日本人的御用紳士？」陳達元又換了指控罪名。

「貴族院議員身分是日本政府指派，但我從來未曾出席過帝國議會開會。」

「再說，日本時代我一直從事抗日運動，這是人人皆知的事。」林獻堂一一辯明。

「請你來，是為了查證這些事情。我們也相信你不會說謊。」陳達元語氣稍稍轉圜。

「聽說日本軍隊離臺前，在山區藏匿大量武器，還請林先生協助探查。」繼而邀請林的合作。

「一定！一定！必定共為協力。」林獻堂終於放下懸著的心。

臺灣省警備總司令部全省檢舉「漢奸」的行動，搞得臺灣各界惴惴不安之際，事實上，國民政府司法院早在一月二十五日就已經發布〈院解字第三〇七八號函〉，指出「凡臺人被迫應征、隨敵作戰、或供職各地敵偽組織者，應受國際法之裁判，不適用漢奸懲治條例」。正在臺灣訪問的國民政府監察院監察委員丘念台也面告陳儀長官，戰前臺灣人是日本國民，不應該以他們在戰時的行為捉拿什麼「臺灣漢奸」，這樣只是徒然造成社會不安。總算，官方行動稍緩，漢奸嫌疑者陸續獲得釋放。

雖然臺灣人不以「漢奸」罪名起訴，還是難逃「戰犯」罪名。日本時代抗日運動中十分活躍的彭華英，在戰後因「戰犯罪嫌」被捕偵辦。彭華英在一九三一年臺灣民眾黨被禁之後，前往中國東北發展，一九三三年任職滿洲國電信電話公司社長祕書，一九三九年到北京任職華北電話公司，一九四一年任北平警察局祕書、科長，一九四四年任華北廣播協會廣播部長。在滿洲國、華北政務委員會等所謂「偽政權」下工作的彭華英，極力為自己辯明：

華英智能無狀，欲效力祖國而不知所從，欲避嫌遠過而無術自保，以致獲罪在押。自念……居留臺島、流浪各地，亡國喪家之痛飽經歷受。私心兢兢，唯恐臺島以外之吾國同胞更罹日敵荼毒，復何敢以身受於敵人者，轉代為敵人之手腳以加於吾國同胞哉？前此不幸充偽職名之，不暇顧事，惟秉天良，所行所為，無巨細大小，胥為國族本來同胞利益著意，致力以為報效祖國，仰答先烈於萬一。

至一九四六年十一月，彭華英因罪證不足開釋。和他一樣，曾醉心社會主義思想、合組上海臺灣青年會、去過莫斯科東方勞動者共產主義大學學習的謝廉清，也因為曾在華北臨時政府工作，戰後被以「漢奸」治罪。

一九四七年八月十一日，原本因「漢奸」檢舉被捕的辜振甫等人，轉而以「戰犯」罪名受審。警備總司令部戰犯軍事法庭以辜振甫「陰謀竊據國土」罪判處二年二個月徒刑，許丙、林熊祥以「共同陰謀竊據國土」罪名判處一年十個月徒刑。但是「戰犯」罪名，追究的是戰爭時期破壞和平、違反人道等犯罪行為，辜振甫等人的獨立運動發生在戰爭結束後，為何能納入戰犯罪行？戰爭結束臺灣人不願投降，卻被處以「竊據國土」，到底是竊據誰的國土？又與戰犯何關？真是奇怪的判決啊。

這正是戰後臺灣人艱難的處境。祖國統治者以「漢奸」罪名追究日治時代對中國的忠誠度，盟國則以「戰犯」罪名清理臺灣人在戰爭中的責任，因為臺灣主權未明，臺灣人身分未清，所有倒楣事都到頭上來。

諷刺的是，正因為被以戰犯罪嫌起訴，辜振甫等人被關在牢中，幸運地逃過二二八大屠殺。

惡形惡狀

陳儀在臺灣短短幾個月的施政已引起民心不滿。特殊化的「行政長官公署制」，不同於中國各省的「省政府制」，臺灣省行政長官「總理全臺省務」、「對於在臺灣省之中央各機關有指揮監督之權」，握有絕大權力，加上陳儀長官又兼任臺灣省警備總司令，對日本總督統治大權獨攬記憶猶新的臺灣人來說，很自然地將兩個體制相互比較，而稱呼行政長官公署為「新總督府」。

臺灣人並不知道，國民黨政府是依據盟軍總部第一號命令、在美軍規劃與協助之下，對臺灣進行軍事占領。因為軍事占領，所以採用了特殊的「行政長官公署制」，陳儀是具有軍政性質的首長，所以大權獨攬。

依據國際法規範，戰爭結束後，戰勝國對戰敗國進行暫時性的軍事占領，待戰後和平條約訂定方能處置戰敗國土地與人民歸屬。中國政府不理會國際規範，主張臺灣主權已歸中國，陳儀政府大肆宣傳「臺灣光復」，國民政府行政院則逕自宣布，「臺灣原有我國國籍人民，自三十四年十月二十五日起，一律恢復我國國籍。」但是，臺灣人何時有過中華民國國籍？沒有過的國籍又如何能「恢復」？

臺灣人沉浸在「復歸祖國」、「當家作主」的高度期待中，對這些問題不太關心，以為祖國政府來了，「臺灣自治」自然水到渠成。待他們回過神來，才驚覺走了日本異族統治者，來了大批外省人盤據重要職位；異族殖民剛剛結束，同族官員接踵而至。

報上刊載著斗大的新聞：一九四六年初，臺灣省長官公署一級單位十八位正副首長中，只有教育處副處長宋斐如是臺籍。長官公署直屬各機關十六位主管中，只有臺北保健館主任王耀東、天然瓦斯研究所所長陳尚文是臺籍。十七個縣市首長中，也只有臺北市長黃朝琴、新竹縣長劉啟光、高雄縣長謝東閔是臺灣人。到一九四六年底，公務員體系中臺灣人雖占六二・〇九%；但若進一步觀察職級，高級文官中臺籍只占〇・八二%、中級文官只占六・六三%。

陳儀當局以「臺灣沒有政治人才」、「臺灣人不懂國語國文」，杜絕臺灣人參政任官的機會，外省人占去所有日本人留下的中高階文官職位。這和日本殖民時代，有什麼不同呢？人們開始懷疑。

隨著大批祖國官員的進駐，臺灣人也終於明白什麼是陳儀所說的「揩油」。接收人員到處搜刮金條、占有房子、接收車子、搶奪女子、占據位子，這是「五子登科」；戰後「接收」成了「劫收」。腐敗的現象，連中國記者唐賢龍都看不下去：

自從國內來的很多人員接管以後，便搶的搶、偷的偷、賣的賣、轉移的轉移、走私的走私，把在國內「劫收」時那一套毛病，通通都搬到了臺灣，使臺灣人非常看不起……臺灣在日本統治時代，本來確已進入「路不拾遺、夜不閉戶」的法治境界，但自「劫收」官員光顧臺灣以後，臺灣便彷彿一池澄清的秋水忽然讓無數個巨大的石子，給攪亂得混

濁不堪，……我希望每一個參與「劫收」的人，都應該跪在六百三十萬臺灣人民的面前懺悔！（唐賢龍，《臺灣事變內幕記》）

過去日本時代，任職公教人員必須具備一定資格，並通過普通、高等文官考試。但祖國來的接收人員，時興「牽親引戚」。省參議員林日高屢次在省參議會上揭發徇私用人的現象，例如臺北縣長陸桂祥上任時，為了安插他所帶來的兩百多人，不管舊任者能力如何，隨隨便便就免了職。又如，農林處檢驗局長葉聲鐘，將任職三十年的技正范錦堂免職，安插自己的姨太太謝吟秋占了位子。新聞也報導說，高雄一所專科學校的劉姓校長，竟以不認識字的岳父充任教員，引發學潮。這種安插親人的作風，竟也在法院發生，《民報》刊載了此種怪現象：

臺南法院院長之妻，現為臺南法院檢察處書記官長。該檢察處主任檢察官之妻，則任該法院書記官。臺中法院大部分職員，則為該院院長之親戚而「清一色」，即院長妻舅之子三人、妻舅之女婿一人、再其弟一人、妻舅之外孫一人、及其遠房親戚等二十餘人，在該法院任職，占全法院職員約五十人之過半數。又，花蓮港法院院長之妻，現任該院之錄事，花蓮港監獄長之岳父，任該監獄之教誨師，其妻舅亦任職獄內。現各界人士皆指斥譏笑云。

祖國的統治，真讓臺灣人大開眼界！

兄弟相殘

少數有機會於長官公署任官的臺灣人，都是自重慶回來的「半山」。說到「半山」，臺灣人就一肚子火。這些重慶回來的兄弟們，理應為故鄉發聲，做為臺灣人與中國政府的橋梁。但他們不圖於此，卻處處搜刮接收，中山北路的天理教土地成了飯店、日本人留下的房屋也一棟棟被占去，還利用官員的權力，接收醫院、工廠、瓦斯會社等日本人產業，成了暴富的新貴。日後，官方的調查報告明白地這麼寫著：

游彌堅（當時為財政部專員兼任臺北市長）利用職位上便利、套購日產近兩百餘幢，並曾以中山北路天理教會之基地贈黃朝琴、大正公園基地及鐵路飯店舊址贈李萬居、武藤醫院贈蘇紹文之妻譚素容，臺北市日產幾多為「半山」所占，此亦「半山」經濟上一大

泉源。(司法行政部,〈臺灣地方派系調查專報〉)

不只大肆斂財,半山們更成為臺灣菁英政治參與的競爭者。黃朝琴是祖國回來的新貴,早年的抗日同志紛表歡迎。他返臺之初任外交部特派員、不久成了臺北市長,接著又成為臺灣省參議員,並將目標指向參議會議長之職。

一九四六年四月,臺灣省參議會選舉經縣市參議會議員投票產生。日本時代,臺灣人即有爭取臺灣議會設置的運動,希望達成「臺灣自治」,林獻堂在日本時代推動臺灣議會設置請願運動、出錢出力,被稱為「臺灣議會之父」,在民間擁有相當聲望。聽說他有意角逐省參議會議長職位,參議員們多表支持。

但陳儀政府、國民黨臺灣省黨都對「臺灣自治」深有疑慮。臺灣議會運動健將蔡培火,戰後率先加入中國國民黨,成了省黨部委員,屢屢與省黨部主委李翼中談論「臺灣自治」,李翼中認為「臺灣自治,頗有地方政事為人民所自主,減損統治政府權力之意,殊非本黨總理所昭示之地方自治」,一再指示蔡培火多多研習黨意。對於林獻堂要爭取省參議會議長之職,行政長官陳儀明白反對,要求李翼中協助黃朝琴登上此位。

「林老不但富有、老成,且孚眾望,就順他的意何妨?」李翼中勸陳儀。

「黃朝琴才能配合政府施政。」陳儀堅持。

「好吧！我且說服看看。」李翼中想想，也有道理。

李翼中先後請託與林獻堂有深交的省黨部委員丘念台、蔡培火前往說項，都無功而返。眼看著省參議會即將開議，兩雄之爭僵持不下。

李翼中於是邀請林獻堂到他的公館，親自勸說。

「先生眾望所歸、當選議長是勢所當然。且議長由選舉產生，我為何還要勸你？」

「因為先生素來與我友好，我也為先生考量，有所見而不言，不義也。」這外省人官員真會說話，彎彎曲曲繞了一大圈。

「省參議會成立，首次代表人民參與、行使政權，議員諸公都不熟悉運作。現下，政府與人民之間矛盾既多，你也知道，激烈爭執在所難免。先生是支持眾議、向政府爭取好呢？還是超然事外好呢？」他又假做好意。

「力爭，則豈能盡得於政府？不爭，又何能見重於議會？在現在這種官民對立的困難情形下擔任議長之職，林先生您豈非動輒得咎，內虧職守、外虛民望？」

「何不超然於兩端之上，萬一朝野兩相齟齬不下之時，您再出面排解，先生一言而決，豈不更有俾於地方乎？」李翼中這外省官員滿滿嘴花、話說得極為好聽。

面對陳儀政府三番兩次差人來勸阻，林獻堂已經瞭然於胸：祖國政府與日本政府一樣，是不願臺灣人自主參政的。

於是，他恭敬地回答：「敬謝厚意！我明白了。」

五月一日，省參議會開議，議長選舉前林獻堂突然發表退選聲明，聲稱自己「因年紀大、身體不佳」，請大家不要選他。議場內一片騷動後，黃朝琴當選議長。

黃朝琴雖然當選議長，報紙輿論卻不斷批評他壓迫林獻堂。省參議會開議後，他又屢屢為長官公署護航、制止旁聽民眾、代替政府官員答辯，參議員們大起攻擊，臺北市參議會也醞釀罷免他的省參議員資格。在各方訾議的情況下，五月十日黃朝琴發表了辭職聲明，說是母親不願他被批評、為孝敬母親之故。

最後，還是勞動林獻堂出面挽留黃議長，才平息風波。遭受打壓的林獻堂，卻還要彎下身來給人當踏階下臺，真是冷暖自知啊！

一九四六年六月，以游彌堅為首的半山們成立了「臺灣文化協進會」，發表聲明：

五十一年的歲月和日寇的設心苦慮，確也發生過相當的效果，我們的文化，一部分變了質，一部分受過了嚴重的破壞，這我們要客觀地坦白承認。

建設民主的臺灣新文化！
建設科學的新臺灣！
肅清日寇時代的文化遺毒！
三民主義文化萬歲！

半山們打臉自家兄弟中了日本人的毒，必須以祖國文化、三民主義做為解藥。黃朝琴、劉啟光、游彌堅、連震東等重慶回來的新貴，搬出「去除奴化教育」的名目全島巡迴演講，督促自家兄弟反躬自省。

一九四六年十月，半山們又成立「臺灣憲政協進會」，成員包括游彌堅、劉啟光、李萬居、林忠、連震東、謝東閔等人，這回宣傳要「喚起先民民族意識、宣揚民族革命事蹟、擁護三民主義思想」，推動「臺灣新生、祖國化運動」，及戰前蔣介石曾在江西推行、其實並未成功的「新生活運動」。

陳儀政府與半山們一搭一唱，不時指控「臺灣人奴化」、「量小氣狹」、「缺乏祖國觀念」、「崇日媚日」，必須「要求肅清日本思想毒素」；面對臺灣人質疑外省人獨攬高位，則推給「臺灣沒有人才」、「不解國文國語」、「缺乏民族精神」；官報公開表示，在徹底「中國化」、「認識三民主義」之前，臺灣人沒有能力參政、不配擁有公民權利。以前日本時代不也是這樣說：本島人「民度」未開，不能與日本人享受同等權利。祖國兄弟的這一套說辭好孰悉啊！

一九四六年四月底，行政長官公署教育處長范壽康在臺灣省行政幹部訓練團演講，公開指控臺灣人抱有獨立思想、意圖臺人治臺、排擠外省人員、對接收工作採取旁觀的態度，因此，他指控「臺灣人完全奴化了」！此話一出，在場四九五名受訓團員深感憤怒，認為是嚴重侮辱臺灣人，共同發表〈抗議書〉加以聲討。此事經《民報》報導，各界譁然，省參議員郭國基在省參議會大會上緊急動議，大會決定指派郭國基、蘇維梁調查。外省官員公開指控臺灣人奴化，為省籍對立添柴加火，「臺灣人奴化」爭論如火如荼地延燒起來。

新戰鬥位置

日本戰敗後，臺灣菁英對新時代抱持極大希望，想像著出頭天的時代來臨，日治時期的左翼、右派人士，紛紛重新出馬，民間活力旺盛。如同過去在日本時代一樣，他們積極創辦報刊、組織政治團體，戰士們重新站上戰鬥位置。

一九四五年十月十日，中國政府官員尚未正式接收前，舊《臺灣民報》系統人士迅速開辦《民報》，許乃昌擔任總編輯、黃旺成任總主筆、林佛樹負責發行，林茂生掛名社長。雖然財力並不充裕，這戰後最先成立的民間報紙，因為敏銳反映社會心聲、立場鮮明，極受讀者歡迎。接著，十月二十五日，《政經報》創刊，做為「臺灣政治經濟研究會」的機關刊物。陳逸松擔任刊物發行人、籌措經費，並邀請他的左翼好友蘇新負責編務，網羅王白淵、顏永賢等人協助，延續戰前左翼知識分子的社會關懷。

王白淵，一九〇二年生，彰化二水人。他在臺北師範學校就讀時，與謝春木成為終身相交的摯友；後留學日本，自東京美術學校畢業，曾在日本岩手縣師範女子學校任教，活躍於文學活動，並出版個人詩集《荊棘之道》（棘の道）。一九三四年潛往中國華北地區，在謝春木的華聯通訊社工作；一九三七年被日本領事館逮捕，判刑八年，送回臺北服刑，出獄後在《臺灣新報》工作。新報戰後由半山李萬居接收、改組為《臺灣新生報》。王白淵、吳濁流等人仍負責日文版，是官方報紙中的反對派。

蘇新則參與了多個新聞報刊的運作，除了主持《政經報》編務之外，也活躍於《人民導報》、《自由報》。宋斐如是由重慶返臺的半山，任長官公署教育處副處長，在一九四六年元旦創刊了《人民導報》，該刊是戰後臺灣與中國大陸左翼人士的言論平臺。但未幾，宋斐如因長官公署壓力辭去社長職務，由王添灯繼任。王添灯又於一九四六年十月十五日創刊了

《自由報》，以週刊型態發行，蘇新也是其中要角。

戰後新聞報刊十分蓬勃，各方爭雄，半山人士也積極尋找發聲管道。臺灣憲政協進會的機關刊物《臺灣評論》，由劉啟光、丘念台、李純青分別擔任董事長、社長、編輯主任；臺灣文化協進會的機關刊物《臺灣文化》，發行人為游彌堅、總編輯是楊雲萍。這些半山團體的刊物，也仰賴臺灣文化人蘇新、許乃昌、吳新榮等人的支持與供稿。

蘇新、許乃昌、王白淵、吳新榮等人，在左、中、右派報刊中穿梭游刃，可以說是戰後新時代最為活躍的文化人、言論界的代表。

創辦《自由報》的王添灯，是新崛起的意見領袖。他生於一九〇一年，臺北新店人，成淵中學夜間部畢業，日本時代曾經參與臺灣地方自治聯盟，因涉嫌抗日言行而被拘禁過。一九三一年起，與兄長王水柳從事茶葉生意、成立文山茶行，生意遍及滿洲國、華北與南洋，事業十分成功。戰後出任臺灣省茶業公會理事長，並活躍於政治活動，擔任三民主義青年團臺北分團主任、當選臺灣省參議會議員。王添灯網羅了戰後活躍的左翼新聞人蘇新、王白淵、孫萬枝、徐瓊二，及前臺灣共產黨人潘欽信、蕭來福，還有上海歸來的蔣渭水次子蔣時欽、吳克

王白淵

泰，東京歸來的蔡慶榮等，《自由報》也因此成為言論市場中最激進的報刊。

面對官方報紙《臺灣新生報》不斷刊載「臺灣人奴化」的論調，右派的《民報》、左翼的《政經報》、《人民導報》陸續加入批判，與官方激烈論戰。一九四六年一月二十五日，王白淵在《政經報》發表〈告外省人諸公〉，反駁奴化之說：

臺省本是一個富有秩序的社會，雖是在日人高壓之下，還有保存著自己的社會道德，不能泯滅的志氣。……臺省在各方面，具備近代民主社會建設的諸條件。許多外省人，開口就說臺胞受過日人奴化五十年之久，思想歪曲，似乎以為不能當權之口吻。我們以為，這是鬼話，除非別有意圖，完全不對。……只以為不能操漂亮的國語、不能寫十分流利的國文，就是奴化。那麼，其見解未免太過淺薄，過於欺人。……外省人諸公，若是以為發奇財而來臺，或是以裙帶人事為上策者，當然奴化這個名詞，可以做護身符亦說不定。……

……臺灣自有臺灣之衷，頂愛臺灣者亦是臺灣人。我們以為臺胞應該負起歷史的使命，不可將自己的命運送給外省人。在以臺治臺的原則上，共同奮鬥，才有一天可以像人。不法日人，當然要剷除，……而不肖的外省人，更需要趕他回去。就此才可以創造美滿的臺灣，建設一個不可凌辱的新臺灣。

王白淵的文章一出，真如石破天驚，狠狠刺穿新殖民者的假面。許乃昌、蘇新、吳新榮等人也都加入這場論戰，透過新聞媒體發聲，臺灣社會奮力反擊，與官方愈形對抗之勢。

除了創辦報刊做為發聲管道之外，政治社會團體也紛紛成立，日本時代以來的左翼、右派團體各自尋找新的活動空間。

官方所主導的三民主義青年團臺灣區團，最初由張士德、陳逸松主導。這個最早來臺的祖國團體，吸引了左右各派人士踴躍加入，臺北分團中有前臺灣共產黨王萬得、林日高、潘欽信、蕭來福、地方自治聯盟的王添灯；臺中分團有舊文協的石錫勳、葉榮鐘、新文協的張信義、陳崁、高兩貴；臺南、高雄分團有新文協莊孟侯、農民組合的簡吉、舊臺共盧新發等人；舊臺共領導人謝雪紅則是臺灣區團部婦女隊隊長。但是，一九四五年十二月八日，李友邦率領臺灣義勇隊全體隊員返臺，取陳逸松而代之。

國民黨臺灣省黨部在一九四五年十一月成立，蔡培火、韓石泉、郭國基等右派人士紛紛加入。黨部主委李翼中並扶持蔣渭川，組織「臺灣省政治建設協會」。蔣渭川，宜蘭人，一八九六年生，是日本時代政治運動家蔣渭水的弟弟。他受兄長影響，參加過臺灣民眾黨、臺灣工友總聯盟的活動，一九三九年曾當選臺北市會議員。戰後組成的臺灣省政治建設協會以舊臺灣民眾黨、臺灣工友總聯盟的幹部為主，包括張晴川、廖進平、黃朝生、楊元丁、陳屋、李仁貴等等，全臺各地設有支部，會員上萬人，與國民黨省黨部關係良好。

左翼團體也重新復出。一九四五年九月，謝雪紅在臺中女中開會，籌組「人民協會」，十月五日在臺中大華酒家正式成立。十一月，人民協會臺北支部在大稻埕靜修女中成立，會員三百多人。其次，前農民組合簡吉等人於一九四五年十月二十日在臺中成立「農民協會」，各地成立支部，會員達一萬人以上。

臺灣社會充滿活力，急切地組成團體要「建設新臺灣」。但是，臺灣人並不清楚祖國正處於「訓政時期」、「以黨領政」，所有人民團體須受國民黨指導、要國民黨同意方可組成。一九四五年十一月，陳儀政府以訓政時期為由公布《臺灣省人民團體組織暫行辦法》，宣布解散大多數團體。如同日本時代一樣，被解散的團體透過媒體、動員社會大眾，向統治者大聲抗議。

一九四六年六月，高雄地主蔡湖榨取農民租穀，與農民莊垂火爭論不下，派出武裝流氓強索租穀，農民拚死抵抗。蔡湖求助於區長林迦，賄絡高雄市警察局官員，六日，警局竟然出動武裝警員二十多人到農民莊垂火家附近開槍示威，肆意逮捕農民二、三十人。從事農民運動的簡吉得知此事，由高雄趕赴臺北，將事件始末提供給《人民導報》總編輯蘇新，報社派記者呂赫若、吳實豐南下採訪，九日，該報大幅刊出此高雄警方包庇地主、欺壓農民事件。豈知，高雄市警察局長童葆昭竟在《臺灣新生報》刊登啟事，並控告《人民導報》社長王添灯「誹謗名譽」。十月，臺北地方法院判處王添灯六個月徒刑，王添灯不服上訴，官司纏訟一時，極為轟動。

逼近臨界點

一九四六年十一月，員林事件震驚臺灣社會。

此事起因於鹿港警察派出所所長許宗喜向臺中縣參議員、鹿港醫生施江西索賄不成，夥同義警巫忠力、黃三、溫火炎，毆傷施江西。施江西提起傷害、妨害自由告訴，臺中地方法院屢傳許宗喜、巫忠力等人不到，決定派員拘押到案。

王添灯筆禍事件

被告向高院上訴

記者公會代表訪院長所有表示

【本報訊】本年六月間人民導報，曾刊登高雄市大港村佃戶莊垂火及某業主同市北野町蔡胡間之糾紛，並抨擊高雄市警察局袒護業主事情，用「日人統治時代之暗影又重演於今日之高雄」之大題及「警察壓迫農民」之小標題，文中有「警察為地主走狗與日人時無異」等語，因此惹起童警察局長之憤怒，而向人民導報社長王添灯提起公訴，審理結果，于十月廿四日由台北地方法院推事鄭通宣判徒刑六箇月，褫奪公權一年，罰金六百元。王添灯氏對此判決不服，已提出上訴並致函台灣省新聞記者公會希望主持公道，予以聲援，茲錄王添灯致台省新聞記者公會函件，及台北地方法院之判決書全文如左：

致臺灣省新聞記者公會函

查本報於本年六月九日刊登高雄市大港村農戶莊垂火，被地主蔡湖拘取過分穀物，違反長官公衆規定，致双方爭論，不能上下，而引起地主土劣湖之恨，縱動武裝流氓，強持索租，農戶莊垂火因一家數口之關係，雖能依願繳交，蔡湖父子及流氓隨即動手毆打，並揮刀砍傷調解農民張保在上腕，深達二寸，而激起農民義憤抵抗，蔡湖心甚不甘，是夜歸家即聯地主十餘人，及區長林迦商量對策，林迦係蔡湖之親戚，與高雄市警察局林秘書交情極篤，即以利賄賂提出私訴，翌日六月六日警局林秘書偕同蔡湖之子蔡瑞勇，率領到農警員二十餘名，至莊垂火家中附近鳴槍示威，肆意逮捕農民，此項經過事實，該村農民四十餘人均可作證，而高雄市警察局長童葆昭，不但對土劣勾結流氓行兇暴行不加處分，反動員大批警員非法拘捕善良農民十餘名，此種處理之欠當與缺公平，其濫職及妨害人權，彰明昭著，本報無非以公正之立場，本為民喉舌之初旨，而將事實披露報端，童葆昭局長對本身及其部屬之非法暴舉，不僅不躬自反省，反變本加厲，未經來函更正，即刊登啟事，漫罵本報，搖亂是非，且誣蔑報人為「喪心病狂」，蠻橫暴言，實空前未有，旋即向台北地方法院以誹謗名譽控告本報前社長王添灯，經檢察官兩度審問，（原告童葆昭

王添灯筆禍事件報導

十一月十一日，臺中地方法院院長饒維岳委請臺中監獄典獄長賴遠輝，調派十七名法警浩浩蕩蕩到員林的臺中縣警察局拘提許宗喜到案。法警出示拘票後，許宗喜藉口向長官報告，求助於縣警察局祕書金士衡、局長江風。江風一面藉故將法警困於二樓禮堂，一面通知督察長陳傳風打電話給北斗警察派出所所長林世民，謊報警局二樓有「強盜侵入」，命令即刻帶領保安隊來援。果然，北斗警所林世民帶領警察十多人荷槍實彈圍攻警局二樓的法警，並下令開槍，頓時一陣混亂，兩人中彈倒地。

法警一行被警察拘留、傷者送醫不准任何人探視。第二天，臺中地方法院院長饒維岳派推事葉作樂、許乃邦先後前往交涉，要求釋放，無功而返。十四日高等法院推事（法官）吳鴻麒、檢察官毛錫清奉命會同臺中地院饒維岳、檢察官陳世榮、長官公署警務處人員前往調查，要求釋放法警，仍不得要領。吳鴻麒日記中記載：

由汽車前往員林，在警察局會議室訊問當日在場警察，然在場警察多說不知。該局長之無誠意、無智、野人，與未開人無異。然事件之始終以明矣。……警察方面之犯法顯然，尤其北斗警察署長（所長）林世民、尤督察豈能免殺人罪也？又金祕書、陳傳風督察長、局長，豈能免其責乎？……又警務處二位專員感覺警察方面之不利，且真相漸次明瞭，亦漸次迴避責任，執不合作態度，亦屬遺憾。

吳鴻麒，桃園中壢人，一九〇二年生。總督府國語學校畢業後，曾在龍潭、中壢兩個公學校教過書，後離職到上海協和大學、日本大學法科就讀。一九三〇年通過高等考試，取得律師資格，在臺北市建成町（今大同區）開業。戰後，協助國民政府接收法院，成為臺北地方法院推事。他的雙胞胎弟弟吳鴻麟，是後來擔任內政部長、國民黨主席吳伯雄的父親。

戰後中國政府接收以來，軍人、警察持槍任意射擊平民、造成死傷之事時有所聞，不是什麼新鮮事。但這次，警察集體開槍攻擊法警的流血事件，還真是頭一遭！其間一度傳出法警重傷死亡，臺灣社會為之譁然。十一月十三日《民報》大幅報導，標題〈非法、暴虐極矣！臺中縣警察集團行動　打死執行任務之法警　警察局變成阿修羅世界　人心戰戰陷落恐怖深淵〉，各界大為震動，臺北市人

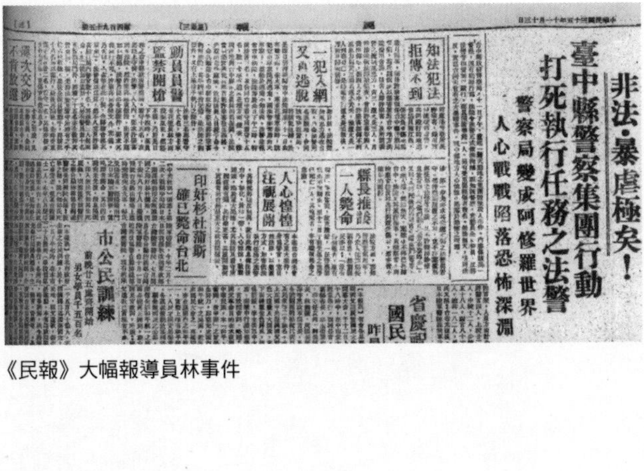
非法・暴虐極矣！
臺中縣警察集團行動
打死執行任務之法警
警察局變成阿修羅世界
人心戰戰陷落恐怖深淵

知法犯法
拒傳不到

一犯入網
又一逃脫

縣長推諉
一人斃命

人心惶惶
往視展開

印好杉杜蒲斯
確已斃命台北

市公民訓練

《民報》大幅報導員林事件

民自由保障協會、臺中市人民自由保障協會、臺中市律師公會、臺中市參議會紛紛舉行演講會，批判警察如流氓、破壞法治、藐視司法，市區出現「員林事件是臺灣治亂分歧點」的傳單。

十一月二十八日晚上，臺灣省政治建設協會與臺北市律師公會、臺北市人民自由保障協會、臺灣省新聞記者公會等團體在中山堂舉辦「護法守法大演講會」：

「員林事件中警察明顯違法，唯有守法才能保障人民自由。」《民報》總主筆黃旺成以保障自由為題。

「員林事件中執法者違法，是封建政治所致，臺灣同胞富有守法精神，應以這些好的基礎來爭取真正的民主政治！千萬勿被非法違法惡風所傳染。」發行人宋斐如說。他回鍋接替因筆禍事件去職的王添灯任《人民導報》社長，尚不知道自己長官公署教育處副處長之職將被拔除。

「在法治國家，任何勢力都不得侵犯法律，官吏應該率先守法，否則法律將喪失尊嚴。今日情況淪落至此，人民應該監督政府官吏守法。」律師蔡伯汾疾呼。

「光復之初，臺灣人不但守法且有秩序，一年後的現在，臺灣的守法風氣已被敗壞殆盡。對不能守法的外省人官吏，人民要好好加以糾正！」臺灣省政治建設協會幹部廖進平呼應。

「員林事件與王添灯筆禍事件，都是『手槍強於法律、面子強於法律』的結果，執法者犯法應該罪加一等！」政治建設協會蔣渭川加強語氣地說。

現場聽講者五、六百人，對於講者嚴厲批判政府，不斷鼓掌，氣氛熱烈。員林事件震驚社會，也促使各界團結一致，到處一片「護法」之聲。

面對新政府貪汙腐敗、違法亂紀，民間極度厭惡，新聞報刊批判愈來愈嚴厲。但陳儀政府卻認為，這是因為臺灣人「奴化」、懷念日本統治、看不起祖國政府。

陳儀政府懷疑臺灣人的政治忠誠，尤其，對於日本時代參加「皇民奉公會」者，更視如眼中釘。趁著中央政府下令懲治漢奸，陳儀頒布《省縣市公職候選人臨時檢覈辦法》，規定「凡擔任皇民奉公會實際工作，及有漢奸嫌疑、檢舉有案者」，在尚未判決無罪前，都停止公職參選權利。一九四六年九月又頒布《臺灣省停止公權人登記規則》，將日本時代曾擔任皇民奉公會工作者、經檢舉有漢奸嫌疑者，都列為「停止公權」的對象，並歡迎民眾投書密報。

這項規定影響極大，但凡經停止公權者，不得參加公民宣示、不得參選公職、不得擔任各級公務員、不得擔任律師；影響所及，不只是參政權、還包括工作權。《民報》稱之為

「忽然而來的原子彈」；《人民導報》則說是「臺灣的公職追放令」。事實上，中央政府司法院已明確公告「臺灣人不適用漢奸懲治條例」，長官公署卻一意孤行。

臺灣仕紳面對祖國政府的政治清算，心驚不已！正在參選國民參政員的林茂生，與廖文毅同票相持不下，但因曾被日本當局任命為皇民奉公會生活部長，九月六日先提出「棄選聲明」；雖經抽籤當選國民參政員，仍然提出辭呈。

十月，長官公署完成調查，共計參加皇民奉公會名單一九二名，將來實施憲政與地方自治後，這些人將不得參選公職。

一九四六年十二月，制憲國民大會完成《中華民國憲法》，一九四七年元月公布，預定同年十二月行憲，可貫徹省市長民選。行政長官公署卻在一九四七年元月憲法公布的同時，另行公布了《臺灣省地方自治三年計畫方案》，以臺灣地區的戶政、民眾組訓、新生活運動等事都尚未完成，規定一九四九年才能進行省市長民選。

此舉大大激怒臺灣社會！自日本時代以來，臺灣人即努力追求自治，戰後國民政府統治失敗，大家只能忍耐、等待，現在好不容易等到憲法施行、省市長民選，這是臺灣自治的第一步，官方卻以各種理由搪塞阻撓，豈不是剝奪臺灣人的參政權？況且，此舉根本違反行憲程序！臺灣省政治建設協會最先表達強烈反對，致電行政長官公署，要求一九四七年底如期行憲、實施省市長民選；接著，在臺北第一劇場、國際戲院舉辦兩場「憲政推行演講大會」，並在全省各地舉行巡迴演講、喚起民眾，拒絕臺灣社會被差別對待！

為臺灣找出路

臺灣該往何處去啊？知識分子們心痛地思考著，為苦悶的時代尋找出路。他們舉辦各種座談會提出主張。

一九四六年八月二十五日下午，臺灣評論社召開了時局座談會，邀請林獻堂、林忠、林宗賢、廖文毅發表看法。

「最好的辦法，就是『聯省自治』。這是我的想法，先前也與廖文毅君討論過，我們看法相同。」林獻堂第一次公開表達贊成「聯省自治」的主張。

「可是，這『聯省自治』曾是廖文毅先生的政見，當時引起不少誤會啊？這是軍閥割據的主張啊！」主持人劉啟光質疑，他本名侯朝宗，日本時代曾參加過農民運動，戰後從重慶回來，擔任新竹縣長，是有名的半山。

「不不不！軍閥主張的是封建割據、獨霸一方的『聯省自治』，我們主張的是軍事、外交、金融等全國事務，都交給中央來辦；普通行政、交通、教育、產業等地方性事務，交給省來辦。這樣一來，省長就該民選，省長若由人民選舉產生，必是省民所好，就不致危害人民、違背民意。廣東人選廣東人為省長，浙江人選浙江人為省長，各有愛鄉之心，自然貪汙會減少，產業就會發達，感情就會融洽。」林獻堂連忙澄清。

「但是，閩人治閩、粵人治粵這種論調，含有排斥外省人的意思，不是嗎？」劉啟光又說，這正是官方的一貫論調。

「絕對沒有驅逐外省人的意思，外省人儘可來臺灣發展。」林獻堂解釋。

「我們主張的『聯省自治』，其實就是美國式的民主，全國性事務屬中央、地方性事務歸由省所主管。」廖文毅也起身加以說明，自從他提出這主張以來，已經遭受長官公署與國民黨省黨部多次發動媒體圍剿。

「我們應該要求憲法中加上一條，讓各省制定省憲，順便介紹臺灣現狀，說明我們已經具有實行自治的條件。」林宗賢建議，他是板橋林家後代。

「制憲國民大會如果無法如期開會，憲法無法完成，更不要說省憲了。在此之前，我們應該要求取消長官公署制，採用省政府制，並要求半數以上的省府委員由本省人擔任，才是辦法。」廖文毅對臺灣政治問題思考已久，提出具體想法。

但是沒料到一九四六年九月舉行的國民參政員選舉中，主張聯省自治的廖文毅，選票被塗汙而落選。

一九四七年元月，廖文毅的兄長廖文奎回臺，他是美國芝加哥大學博士、鑽研政治哲學。廖文毅所主辦的《前鋒》雜誌社在中山堂舉辦青年座談會，邀請廖文奎討論時局問題，在場的都是青年朋友。

「國際上看待我們臺灣人，是對政治沒有意見的人群。戰爭末期，美國紐約的報紙主張臺灣託給國際共管，在重慶的國民政府很緊張，動員臺灣黨部、軍事委員會臺灣調查委員會，對世界展示臺灣人對祖國的熱愛。」廖文奎娓娓道來。

「光復當時，臺灣人是抱持多麼熱烈的期望，但是，我們熱愛祖國的心，是被善用呢？還是惡用呢？我兩個月前頭一次回到臺灣，看見今日鄉土敗壞的情形，實在是流淚不止啊！」廖文奎心如刀割。

「根據《大西洋憲章》，以及住民自決的原則，臺灣的命運是可以由臺灣人自己決定的！」他終於說出對臺灣前途的想法。

「但是我認為臺灣獨立並不適於世界潮流。我是希望以臺治臺，也就是實現臺灣自治。根據剛通過的憲法，

廖文奎（《臺灣共和國——臺灣獨立運動的先聲》）

必須促進地方自治的實現，所以我們對於臺灣自治的問題要有具體方案。我是認為，我們要主張臺灣的經濟、財政、貨幣、民政，都應該獨立；臺幣暴落的問題，就是因為經濟上不獨立之故。」提出不同看法的是邱炳南（邱永漢），臺南人，一九二四年生，東京帝國大學經濟學部畢業，剛從日本回來不久。這時的邱永漢還是「臺灣自治」的信仰者，未曾想過自己竟會為了主張「臺灣獨立」而亡命天涯。

「理想主義是無法救臺灣的。我們必須討論解放臺灣的具體方案，必須發現光明的道路，必須團結前進！」青年陳益勝也熱切發言。日後，他成為臺北市選出的黨外市議員。

一九四七年底即將行憲，陳儀長官卻認為臺灣應推遲行憲。二月三日，《民報》編輯部也在臺北大稻埕蓬萊閣舉行了「憲政推行座談會」，廣邀各界意見領袖討論憲政施行、地方自治問題。

「憲法第一一三條規定省長民選，臺灣戶口完備、文化程度較高，可由省民直接選舉省長。但是，如四川省等地情況不同，可在省縣自治通則另作規定。」已當選國民參政員的陳逸松單刀直入，他總是喜歡率先發言。

「全國各省文化教育程度相差甚遠，其中，臺灣是最進步的一省，我認為應該以最進步者的標準來制定自治通則。」說話的是臺北市參議會議員張晴川，他是前臺灣民眾黨幹部，戰後則活躍於臺灣省政治建設協會。

「省自治法可以說是省憲，應該效法憲法，分章編成，包括省民權利義務、省議會、省長、縣市制度、基本政策等。又，高山族是本省的弱小民族，省自治法中應該規定如何提升高山族同胞的生活與文化水平。」省參議員王添灯對臺省自治高度期待，提出相當先進的看法。這位茶葉生意十分成功的商人，戰後頗積極於政治參與。

座談會焦點轉向如何訂定省自治法的議題，眾人有一番熱烈討論。

「根據行憲程序，立法院將於今年九月成立，制定省縣自治通則的時間會在明年二、三月間，又根據《建國大綱》，地方自治應在憲政施行前完成。臺灣具備各種良好條件，可以實施地方自治、縣市長民選。根據一月八日行政院院會決議，可選擇若干縣市試辦縣市長民選，全省省民應一致要求，臺灣可提前實施縣市長民選。」陳逸松努力把問題拉回如何落實地方自治，提出縣市長民選的具體主張。

「今天討論的主題是省自治法的原則，未來可以提供給當局參考。至於要求地方自治，是另一問題，必須集中全省民眾力量，請大家連署向中央建議。」王添灯不以為然，他與陳逸松的發言，頗有較勁意味。

「臺灣省政治建設協會、臺灣憲政協進會的內部會議中，曾決議要求今年中一定要實施縣市長民選，我也曾向臺北市長游彌堅建議市長民選，但他哈哈大笑帶過。」臺北市著名醫生黃朝生，自日治時期就相當關心政治運動。

「有關省自治法問題，請主席指定幾位起草委員。又，縣市長民選問題，大家要同心協力，無論中央同不同意，一定要做。」蔣渭川對冗長的討論已有些不耐煩。

「是的，我們應組成省自治法起草委員會；而縣市長民選問題，必須有所準備，一方面由各團體向中央請願，一方面不斷進行演講會動員民眾。」黃旺成回應，他是《民報》總主筆、今日會議的主持人。

「一月八日行政院第七七一次會議決議，將選擇若干縣市試辦縣市長民選。所提出的條件是全縣戶口清查完竣、土地測量完成、公民宣誓、各鄉鎮成立警察機關、道路暢通、各鄉鎮設有中學、小學、衛生所、鄉鎮公所組織完成等，所有這些條件，臺灣樣樣具備，我們應要求行政院即刻在臺灣施行縣市長民選。」《民報》總編輯許乃昌也忍不住說話了，主張臺灣優越的條件，應該爭取縣市長民選。

這日出席會議者，都是參與臺灣公共領域的一時俊彥。最後，大家推舉了陳逸松、謝娥、許乃昌、黃旺成、蕭來福、王添灯、呂伯雄組成「省自治法起草委員會」，由呂伯雄擔任召集人。

臺灣社會菁英努力籌謀，尋找出路。至一九四七年初，已有各種方案：第一個選項，臺灣獨立，這是廖文奎的主張；但是這個主張支持的人不多。第二個選項，聯省自治，施行美國聯邦制的民主政治；雖然林獻堂、廖文毅等人都有此主張，但隨著《中華民國憲法》的頒布，此路已不通。第三個選項，要求如期施行憲政，爭取高度自治，制定具有「省憲」意義的省自治法，先爭取縣市長民選，進而省長民選，這是最多數人的共識。

經過祖國政府一年多的統治，臺灣社會已奄奄一息。政治腐化、軍紀敗壞、物價暴漲、民生凋敝、疫病橫行、社會動盪，人們墜落失望的深淵；政治歧視與文化衝突，更讓臺灣人精神層面倍感痛苦。

一九四七年新春，一點節慶的氣氛也沒有，物價飛漲到生活艱難的地步。戰爭結束時一斗米是六十元，一九四七年一月三十一日，已漲到三百元，二月底米價更是飛漲超過四百元。連鯽魚這種粗俗的魚類，一臺斤也要一百元。物價飛漲，即使做為醫生的吳新榮都無力負擔，家中三餐也從二分番薯一分米，全部改為番薯籤。不僅如此，惡疫正四處蔓延，天花、霍亂、鼠疫等日本時代已經絕跡的傳染病，竟又流行起來，這是吳新榮當醫生以來沒見過的光景。面對惡劣的環境與陷入恐慌的社會，二月二十日，吳新榮的日記直覺寫著：「這樣的危機，恐怕波及成為政治危機也未可知。」

美國駐臺北領事館對中國統治下的臺灣，嚴密觀察；一九四六年下半年起，在給國務院的〈臺灣情勢報告〉中不斷提到中國政府失政、民怨如潮，並預言「短期內將發生暴動」。而在臺灣的中國記者，也不斷示警，一九四七年二月上海《觀察》月刊的一篇報導，標題就是〈隨時可以發生暴動的臺灣局面〉。

第十一章

全島起義

一九四七年二月二十八日清晨，龍山寺、延平北路一帶人山人海，有人在街頭演說，有人敲鑼打鼓，人們議論紛紛，沿街的大小商店紛紛關門。九時許，大隊群眾高舉各式標語，敲鑼打鼓向專賣局出發請願、討回公道。

原來，他們是為了昨日晚上專賣局查緝私菸的事。六個查緝員來到延平北路天馬茶房附近查私菸，寡婦林江邁躲避不及，跪地哭求留她一條生路，卻被查緝員葉德根以手槍敲擊頭部，流血昏倒。圍觀群眾愈聚愈多，數百人眼看著查緝員橫暴無理，氣憤之下、高聲喊打。查緝員急忙分頭逃竄，不料，傅學通被追上的民眾一把抱住，情急之下竟然開槍，擊中看熱鬧的路人陳文溪，傅因此趁亂逃走。憤怒的群眾將緝私卡車翻覆後放火燒毀，並湧向西寧北路的建昌派出所，要求懲處凶手，警察局推說已將兇手交給憲兵隊，部分群眾又湧向延平南路憲兵隊，直到天亮還不願散去。

星火燎原

這天上午，臺北市民群起走上街頭。請願群眾途經延平北路警察派出所（今大同分局），派出所黃姓所長出面制止遊行，被群眾圍毆、搗毀派出所門窗。十時許來到重慶南路一段的專賣局臺北分局（今彰化銀行臺北分行），四面八方而來的群眾衝入分局，毆打職員、燒毀局裡的香菸、火柴、酒類、桌椅，並將找到的現鈔、文書、簿冊通通搬到外面，縱火焚燒，一時之間火光衝天。聞訊而來的憲兵、警察，眼見群眾數千、人多勢眾，悄悄退到

上海《中國生活畫報》於一九四七年三月發行〈臺灣事件號外〉，裡面收錄了駐臺特派員于乙當時拍下的二二八事件寫真，包括專賣局貨品被焚燒、職員被毆打與查緝組被搗毀等畫面。（台北二二八紀念館提供）

一邊，聽任事況發展。

十一時許，群眾又湧向羅斯福路口的專賣總局（今臺灣菸酒公司），因為憲警已有所防備，門戶緊閉，未遭搗毀。大批群眾又轉向先後任專賣局長任維鈞、陳鶴聲家中，兩人均不在，乃將家中器具什物搗毀。最後，決定向臺灣省行政長官陳儀請願。

下午一時許，各路群眾高舉標語、呼著口號的群眾走過臺北火車站，向現在忠孝東路、中山南路口的行政長官公署（今行政院）前進。長官公署早已接獲情報，周圍嚴密部署了武裝部隊，頂樓並架起了機關槍。要求懲凶、撤銷專賣局的群眾剛剛抵達長官公署前的圓環，即被衛兵舉槍阻擋，就在民眾要求進入公署、雙方推擠爭執中，樓上的機關槍突然答、答、答、答作響，向群眾掃射，當場多人死傷，群眾四處奔逃。

臺北市民請願不成、竟遭官方以槍掃射，無異火上加油。被激怒的群眾，新仇舊恨頓時迸發，四處流竄，臺北火車站、新公園、旅館、商店，到處「打阿山」；外省人的商店也成為洩恨目標，館前路的正華大旅社、重慶南路的虎標永安堂、衡陽路的新臺公司門窗玻璃都遭砸毀、貨物被搬出焚燒，臺北陷入狂亂景象。

一部分群眾則湧向新公園、占領臺灣廣播電臺，向全臺廣播：

臺灣自光復以來，政治黑暗，遍地貪官汙吏。陳儀被包可永、嚴家淦、周一鶚、葛敬恩等人包圍，對貪官汙吏，無一人懲辦，官員無法無天、呼朋引類、官官相護。武裝軍警與地方官吏勾結走私，以致米糧外流，人民無米可炊，與其餓死，不如起來反抗，驅逐貪官汙吏，以求生存。

臺北市民的行動，透過電臺廣播傳到各地。雖然警備總司令部宣布下午三時起臺北市戒嚴，武裝軍警出動巡邏、開槍射殺聚集人群，企圖壓制。但臺北市民行動的消息已經傳播擴散出去，當天傍晚板橋、基隆，第二天桃園、新竹，接著臺中、雲林、嘉義、臺南、高雄，再到花蓮、臺東，幾日之內，全臺各地民眾全都起來響應臺北的行動！

三月三日晚上，醫師吳新榮在朋友家晚餐，透過臺中廣播電臺放送，得知臺中市

二二八當天臺北車站前群眾聚集（台北二二八紀念館提供）

民同情臺北同胞「已經起義」，占領警察局、廣播電臺、電信局，並組織「臺中市防衛委員會」，準備與軍隊戰鬥。嘉義廣播電臺也在放送，募集志願兵，又聽說臺南、高雄「都已經起義」，幾位在座的朋友們都「大感興奮」！

兩條路線

面對人民的怒吼，陳儀慌了手腳，因為去年十月蔣介石委員長來臺訪問後，手上的兩支軍隊六十二軍、七十軍都已調回中國打內戰，眼下全臺兵力不到三千名，暫時只好先接受市民的所有要求。

二十八日下午，臺北市菸販派出五名代表，要求市參議會出面調處，議長周延壽召集全體市參議員、臺北市長游彌堅、省參議會議長黃朝琴，向陳儀長官提出解除戒嚴、依法嚴辦凶手、撫卹傷亡、組織調查委員會等建議。次日，臺北市參議員、制憲國大代表、省參議員、國民參政員組成了「緝菸血案調查委員會」，在中山堂開會。陳儀長官為表示善意，同意官民共同組成調查委員會，指派民政處長周一鶚、交通處長任顯群、工礦處長包可永、農林處長趙連芳、警務處長胡福相五人，三月二日共同成立了「二二八事件處理委員會」。

仕紳們希望將官民衝突降到最低，在體制內解決問題，並將各類民眾代表納入處理委員會，日日都在中山堂舉行會議。三月三日，處委會成立的第二天，就派出李萬居等五名代表赴美國臺北領事館請願，希望傳達事件周知全世界；處委會並決議勸導民眾「不可毆打外省同胞」。三月五日，陳儀長官指示全臺各縣市都成立二二八事件處理委員會分會，歡迎民眾提出改革建言。全臺各縣因此都成立了二二八事件分會，而各地方的民意代表、名望人士大都被推舉為處理委員會成員。

但是，各地青年熱血沸騰，不願再忍受落伍的中國政治，要求實施民主與自治。青年學生們搭乘卡車由臺北南下，到桃園、新竹、嘉義、臺南等地的火車站、街頭上發表演說，呼籲民眾起來反抗、打倒貪官汙吏，外省籍首長、官員紛紛棄職逃亡、只求自保。青年們分頭襲擊地方警察局、派出所，員警走避一空，使他們輕易就接收了警察機關的武器。才在不久之前的戰爭期間，青年學生們都受過軍訓，退伍軍人則有海外戰爭經驗，沒想到竟在祖國統治的這時派上用場。他們各自組織治安隊、自衛隊，負責維持地方秩序，並集中看管外省籍公務員。

臺中地區成為談判與抗爭兩種路線角力之地。二日上午，市民聚集在臺中戲院，召開市民大會。謝雪紅被推舉為主席，呼籲人民團結起來，下午並開始遊行，臺中市內大小商店開始罷市，市內騷動。三日上午，在謝雪紅領導下，於臺中市民館（民族路財神百貨）成立了

「臺中地區治安委員會作戰本部」，以警察局收繳的武器武裝了幾個青年隊伍，與第三機廠倉庫的國府軍隊作戰。四日，國府軍隊投降、武器封存、由學生隊集中看管。國民參政員林獻堂、市參議會議長黃朝清、臺中市圖書館館長莊垂勝等人則組成了「臺中地區時局處理委員會」，因為擔心謝雪紅的武裝路線會招致軍隊報復大禍，乃邀請具有海南島作戰經驗的日本海軍陸戰隊海軍上尉吳振武另組「保安委員會」、統帥軍事防衛，架空「作戰本部」的軍權。七日，謝雪紅、鍾逸人、蔡鐵城等人在干城營區（今客運總站）成立「二七部隊」。

中南部地區因為軍事設施較多、軍械集中，民眾為了防止軍方反撲、控制武器，因此進襲軍事基地，多處爆發戰鬥，尤其以雲林、嘉義、高雄等地最為激烈。

三月二日消息傳到斗六、虎尾，青年們蠢蠢欲動，夜裡以迅雷之勢襲擊區署及警察派出所，奪下武器。斗六方面，由醫師陳篡地領導，號召退伍軍人、青年學生組織民兵。虎尾機場因有軍方警備隊看守，武裝青年進攻機場，雙方僵持三晝夜不下。五日，陳篡地派出民兵馳援虎尾機場的戰鬥，臺中、竹山、斗南民兵也前來助攻，與斗六民兵合流。這日晚上，國府軍隊抵擋不住，爬出堡壘突圍竄逃。民兵攻破虎尾機場，繳獲許多武器。

陳篡地，彰化二水人，一九〇六年生，日本大阪高等醫專畢業後，在斗六開設建安醫院，是著名眼科醫生。他在日本時代曾被徵召到越南當軍醫，曾為越共俘虜，因有前線戰爭經驗，對槍械、游擊戰有所瞭解，事件中組織民兵，協助嘉義的戰鬥，繳獲武器甚多，並重整民兵隊伍成為「斗六警備隊」。

嘉義地區組成了「三二事件處理委員會」與「防衛司令部」，司令部下有陸軍隊、海軍隊、學生總隊、海外歸來退伍軍人部隊、社會總隊，連阿里山鄒族原住民也成立了高山部隊，下山協助。三日，民兵作戰部隊攻下十九軍械庫，接收武器與軍用物資。晚上，占領嘉義市政府，臺籍警察也攜械加入行動，將市內外省籍官員一千四百多人拘押於市參議會、中山堂、市黨部。東門町的羅迪光營、憲兵隊先是退至山仔頂的嘉義中學，再退到紅毛埤。民兵得到來自竹山、斗六的援軍，全力猛攻，經過三晝夜激戰，國府軍隊將倉庫炸毀、武器焚燒後，再退到水上機場。五日，來自臺中、臺南、鹽水的武裝青年，把水上機場團團包圍，國府軍隊斷糧缺水，要求和談。

高雄方面，三日有臺南工學院（今成功大學）學生南下報告各地行動，呼籲市民行動。當天晚上，市面開始騷動，市警察局、鹽埕派出所被占領、武器被繳。四日，市內秩序陷入混亂。高雄中學則組成民兵「總指揮部」，分別有陳顯光、涂光明等人率領的隊伍。民兵主要由高雄中

陳篡地

學、高雄工業學校學生組成，編成隊伍，率眾進攻憲兵隊、陸軍病院、軍械倉庫、高雄監獄，收繳武器，以防遭受攻擊。至五日，只剩高雄要塞尚未攻下，民兵要求高雄要塞繳械；同日，地方仕紳依陳儀長官命令成立了「二二八事件處理委員會」，為防止軍民衝突、減少傷亡，乃由市長黃仲圖、議長彭清靠、涂光明等人前往壽山，欲向高雄要塞司令彭孟緝提出「和平九條件」。但彭孟緝已決定以要塞武力鎮壓，正忙著部署，因此拒絕會面，哄他們六日再來。

在各地戰鬥中，青年學生、歸臺退伍軍人是主力，嘉義中學、臺南工學院、高雄中學學生尤其積極參與。

被滲透的二二八事件處理委員會

事件之初，陳儀因手上無兵，同意成立二二八事件處理委員會坐下來談，緩和臺灣人的不滿。但是很快的，從緝菸血案問題，到反對貪官汙吏，發展到臺灣政治改革問題，做為調解機構的處理委員會，成為各種政治勢力角力的場所。

國民參政員陳逸松與他的好友劉明，在事件中甚為活躍。陳逸松因為具備律師身分、具有法學素養，受《臺灣新生報》社長李萬居推舉，三月四日因前軍統局臺灣站長陳達元的引見，面見陳儀，由他負責起草「二二八事件處理委員會組織大綱」，並主持會議、提出「八項政治改革方案」。劉明動員延平學院、開南商工學校的學生出面維持治安，並成為臺灣省自治青年同盟的財務顧問，出錢出力。

三月五日通過「二二八事件處理委員會組織大綱」，處理委員會已偏離官民協調的定位，儼然成為架空陳儀長官公署的臨時政府。

蔣渭川則受到行政長官陳儀、警總參謀長柯遠芬、憲兵第四團團長張慕陶相繼邀請，希望他「出面協助收拾大局」。蔣渭川一時之間感到十分納悶，因為長官公署才在幾個月前控告他「反對政府、妨害秩序」，好不容易在檢察官勸說下、由他提出「悔過書」表達歉意，以不起訴結案。他被官方視為「劣紳」，雙方關係緊張，怎麼這回，官方卻主動要他協助？儘管懷疑，蔣渭川還是在國民黨臺灣省黨部主委李翼中的鼓勵下，三月二日面見陳儀長官，被畀以「民眾代表」的身分加入處理委員會。同日，蔣渭川上電臺廣播，說明陳儀長官處理事件的四點寬大的原則：不追究不處罰、被捕者即日釋回、死傷者從優撫恤及醫治、督促法院嚴審凶手。

「這是陳儀長官大事化小、小事化無的德意，我們大家都要知道滿足。事件從此可以告一段落了，希望民眾互相勸告、互相監督，不可再有暴動行為。」蔣渭川努力幫陳儀長官美言。

「今後大家要痛改前非，放大眼光，互相親愛，團結一致來建設臺灣。」他又呼籲。

蔣渭川加入處理委員會後，多次與行政長官陳儀、警總參謀長柯遠芬會面，再出面廣播，說明陳儀的善意。做為長官公署指派的「民眾代表」，他也積極出席處理委員會。更重要的是，他與他的政治建設協會，屢次與陳儀磋商，提出「省政改革九項綱要」，與陳逸松的「八項政治改革方案」媲美。

臺灣省參議員王添灯在事件中經常到電臺廣播，成為家喻戶曉的人物。三月二日，二二八處理員會成立，王添灯積極參與相關工作，並被推舉為宣傳組長。他對情勢發展抱持樂觀態度，認為陳儀政府必將會讓步，因此找來《自由報》同仁蘇新：「大家要我擔任二二八事件處理委員會的宣傳組長，我沒有政治訓練、也不會寫文章，但選民選我做省參議員，我就應該對選民負責，盡最大的努力、負起責任，希望你們多多幫我。」王添灯誠懇地請求協助。

《自由報》的同仁們蘇新、蕭來福、潘欽信、蔡子民等人，成為王添灯的幕僚。王添灯整日在中山堂開會，幕僚們也在王家客廳密集討論，為他準備發言意見、起草講稿、廣播詞。而蘇新、蕭來福、潘欽信這幾人，都是前臺灣共產黨黨員，蔡子民則是中國共產黨黨員。事件中，左翼勢力透過王添灯施展影響力。

各路勢力在二二八處理委員會呈現競爭之勢。三月五日，陳逸松正在臺上說明他所草擬的二二八事件處理委員會組織大綱。蔣渭川帶了一批人進入中山堂會場，陳逸松報告的同時，臺下喧鬧不止。

「大張金交椅你就搶著要坐上去了嗎？」蔣渭川的人馬在臺下叫囂著。

「大位你若想要坐，就讓給你坐！」陳逸松回嗆，拿了提包，做勢要往外走。

蔣渭川的人馬圍了過來，比手畫腳似要動手。陳逸松的好友劉明也有一票大稻埕的兄弟，擺開了陣勢，大喝「好膽就來！」

陳儀、保密局、國民黨臺灣省黨部啟動了中國政治中最陰暗的派系鬥爭手段，臺灣菁英不知不覺中被利用，陷入爭奪。二二八事件政治危機尚未解除，臺灣菁英們的內鬥已先端上檯面。

行政長官陳儀、保密局不僅在二二八事件處理委員

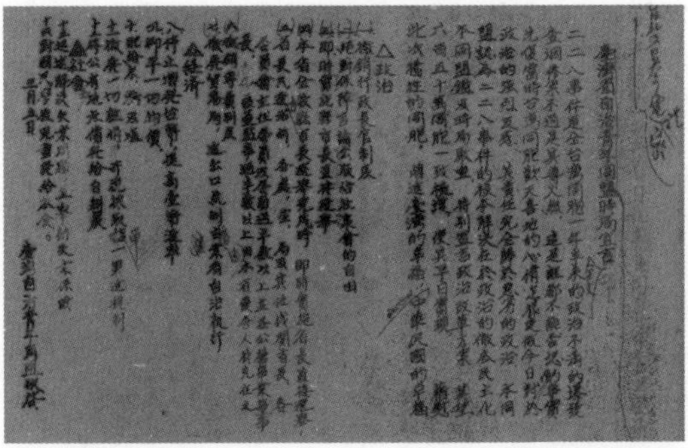

二二八事件出現各種傳單，此為臺灣自治青年同盟宣言。（檔案管理局）

會主要成員中有所安排運用，還在處理委員會中安插了特務。二月二十八日事件發生當日下午，保密局（軍統局）臺灣站站長林頂立即面見陳儀長官，成立了忠義服務隊，由總隊長許德輝負責召集臺北各地角頭二二〇人、特務隊三十人，共二五〇人成為特殊隊伍，滲入二二八事件處理委員會。這許德輝原是臺北市大流氓，戰後曾協助國民政府接收，不久成為保密局臺灣站的線民。

三月三日上午二二八處理委員會通過成立治安組，下午在警察總局召開治安組會議，原本應該負責臺北市治安工作的市長游彌堅、警察局長陳松堅等人卻推薦許德輝擔任治安組長，組織忠義服務隊。這個隊伍被賦予治安維護的任務，表面上由一千多名臺北市青年學生組成，實際上流氓、特務混雜其中，聽命於特務機關保密局，打砸搶劫、結隊橫行，造成社會大眾對處委會的強烈反感。日後，許德輝給保密局副局長毛人鳳上呈「二二八事件反間工作報告書」，說明他與同志如何在事件中從事「反間工作」。黑道、特務滲透二二八處理委員會這樣詭異的事情，不僅在臺北上演，同時也在臺中、臺南、高雄、花蓮如法炮製。

中山堂內的二二八事件處理委員會自三月二日成立以後，每天上午十點鐘、下午三點鐘開始會議。會場內，發言者爭先恐後、呼喊叫囂，秩序十分混亂。會場周圍的門窗外擠滿了數以千計的旁聽民眾，每有發言稱心者，則報以掌聲與歡呼，會場內外一片鬧哄哄。

緩兵之計

因二二八事件處理委員會努力疏導，呼籲「不可毆打外省人」之下，民眾情緒、交通運輸都逐漸恢復，臺北市與鄰近地區在三月四日已漸次恢復秩序，甚至包括基隆、桃園、新竹、臺南等地，軍民衝突情況已緩和下來，戰鬥最激烈的嘉義地區也正進行和談。五日，處理委員會提出八項初步政治改革方案，六日，發表了〈告全國同胞書〉。

> 親愛的各省同胞們！這次二二八事件的發生，我們的目標是在肅清貪官汙吏，爭取本省的政治改革，並不是要排斥外省同胞。我們歡迎外省同胞參加這次改革本省政治的工作，以便使臺灣政治的明朗早日達成。……
>
> 親愛的同胞們，我們同是黃帝的子孫，民族國家政治的好壞，每個國民都有責任。……至於二二八那天，

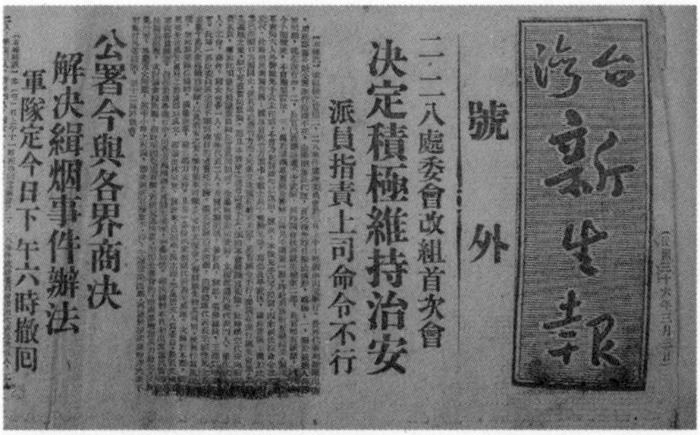
台灣新生報

號外

二二八處委會改組首次會

決定積極維持治安

派員指責上司命令不行

公署今與各界商決

解決緝烟事件辦法

軍隊定今日下午六時撤回

三月三日關於處委會的新聞剪報

有一部分外省同胞被毆打，這是出於一時誤會，我們覺得很痛心，這夜是我們同胞的一個災難，今後絕對不再發生這種事件。希望大家放心，出來向這些目標邁進，我們的口號是：

臺灣同胞團結起來！

改革臺灣政治！

中華民國萬歲！

國民政府萬歲！

蔣主席萬歲！

處理委員會竭盡所能地表達善意，說明此次事件的目標僅止於反對貪官汙吏、要求政治革。但行政長官陳儀可不這麼想，警總參謀長柯遠芬、憲兵第四團團長張慕陶、高雄要塞司令彭孟緝也都另有盤算。他們一邊談判虛與委蛇，一邊正進行著大陰謀！

就在陳儀同意官民共同組成二二八事件處理委員會的三月二日這一天，他已經向中央政府發出急電，指控臺灣暴動、要求派兵。柯遠芬則動員警備總部調查室、憲兵特勤組、保密局臺北站等所有特務嚴密監控，並且安排特務進入處理委員會，「分化奸偽、運用民眾力量打擊奸偽」。

三月五日下午，陳儀接獲國民政府主席、國防最高委員會委員長蔣介石決定派兵增援的電文：「已派步兵一團、並派憲兵一營，限本月七日由滬啟運。」猶如大旱望雲霓的陳儀，終於盼到援軍，情勢即將逆轉……但是，就在幾個月前，陳儀才拍著胸脯保證臺灣秩序極佳、不需駐軍，同意調走軍隊投入內戰，這下，該如何向蔣委員長解釋臺灣為何一夕變天？

這晚，陳儀、柯遠芬、張慕陶召開緊急會議。六日，陳儀再發電文給蔣介石：

此次事件發生之原因，相當複雜。其一、去年從海南島歸來臺僑中……有不少奸黨分子……其二、留用日人中亦有想乘機擾亂者……其三、日本時代御用紳士及流氓，……竟有懷臺灣獨立、國際共管之謬想者……其四、一般民眾缺乏國家意識，易為排斥

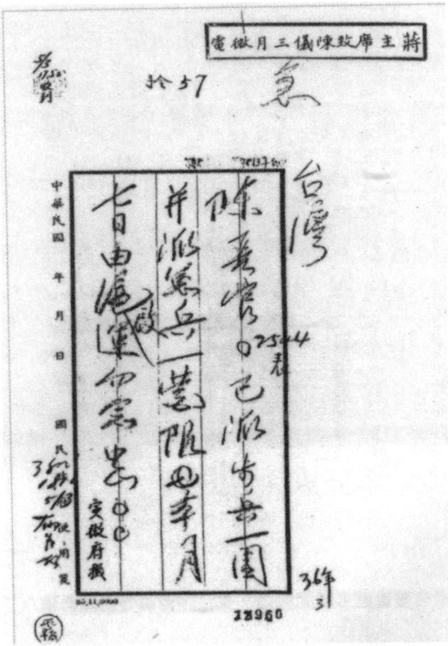

陳儀接獲蔣介石下令軍隊赴臺的電文（大溪檔案）

外省人的思想所惑……

此次事情發生後，職之處置，甚感困難。就事情本身論，不只違法而已，顯係叛亂行為……為保持臺灣使其為中華民國的臺灣計，必須迅派得力軍隊來臺。

在這封電文，陳儀明確將二二八事件定調為「共產黨操縱、叛亂行為」，武力平亂自是名正言順。

另一方面，蔣渭川自接受陳儀邀請、出面疏導民眾以來，屢次在廣播電臺為陳儀美言，卻不斷受到民眾挑戰與質問：

「你不要被陳儀騙去了！」

「我們是從福建回來的，陳儀在福建時就常用詐騙手段，殘酷殺害民眾數萬人！」

「在這個困難的時候，陳儀什麼條件都可以答應，等他集中兵力、準備好了，就會實行報復屠殺！」

「你應該出來領導民眾、推翻政府才對，這才是臺灣人的想法，你為什麼做政府的走狗，失去這千載難逢的機會？」

「外間謠傳都說，陳儀一面叫你出來收拾問題，一面向中央請派大軍，將要實行屠殺報復？」

「你該不會被陳長官利用，自己卻不知道吧？」

太多民眾提出質疑，蔣渭川不免將信將疑起來。

三月五日，趁著與憲兵第四團團長張慕陶見面的機會，蔣渭川向他求證。

「團長，我有事請教您，雖然我們是朋友，不該懷疑你，但民眾都說我被陳長官欺騙。聽說陳長官已經請兵二師，不日可到，陳長官在福建早就用這種手段騙過老百姓？」蔣渭川滿心狐疑。

「絕無此事！我可以用我的頭來保證，絕無此事！你可以放心，並轉告大家。」張慕陶張大眼睛、指著自己的頭，大聲地說。

「事關重大，你可不能騙我……」

「陳長官只希望社會早日恢復常態，不使中央注意到此事，當作沒發生過就好了，絕對沒有惡意。」張慕陶又信誓旦旦。

「若非事實就好，否則，我的罪過就大了，你也一樣……」

「絕對沒有這樣的事，我可以用生命來擔保，請你放心。」他拍拍蔣渭川的肩膀安撫著。

三月六日，蔣渭川與民眾代表一同前往與陳儀會談，會談前，他先單獨面見陳儀。陳儀已經從張慕陶那裡知道蔣渭川起疑。

「昨晚我與柯參謀長、張憲兵團長開了重要會議，我們有兩點希望：第一、臺灣絕不可離開中央，永久為中國的一個省分。第二、臺灣絕不能共產化，應實行三民主義。如果這兩點能答應，要怎麼政治改革都可以。」陳儀先發制人。

「長官你講這樣的話，讓我很難理解，也覺得很奇怪，是不是有別的用心？或是有什麼怨恨？令我很不安心。」蔣渭川一頭霧水，不知陳長官為何突然提出兩個原則。

「今天，是你三番五次邀我出面，如果你對我不信任，我馬上可以退出。」他愈想愈不放心。

「蔣先生你這樣性急很不好，我只是表明，我有意將臺灣在中央主權下，交給本省人來管理。」陳儀蜿蜿蜒蜒地解釋。

「臺灣不會離開中央，永久為中國的一省，這是當然的事。只要把三民主義好好施行，我也可以保證本省人民不會有共產思想。」蔣渭川認為陳儀所顧慮的根本不是問題。

「好極了，既然你做這樣的保證，我就放心了。」陳儀回答。

「事實上我也有不安之處。很多民眾都說，陳長官在利用我，說你在福建主政時，常用欺瞞的方法延長政治生命？」蔣渭川決定將心中疑慮向陳儀求證。

「現在事件已收拾妥當，如果陳長官有報復、騙殺的念頭，希望你騙我一人就好，不可騙殺全省民眾。我很怕國軍一旦開到、下令屠殺，會演變到不可收拾的地步。」蔣渭川鼓起勇氣一口氣說完，這個疑問已經在心裡憋了好久。

「絕對沒有這樣的事！現在全省兵力也不少、警察憲兵也夠用，如果我有這樣的惡意，馬上可以開始屠殺。」沒想到蔣渭川會直接提出質疑，陳儀隨口說出自己都不相信的話。

「我願意對天立誓，我絕對不騙你，也不騙民眾，誓必以良心誠意與你們做事，倘有違背，必受惡報！我只希望早早息事，絕對沒有惡意。」為了取信於蔣渭川，陳儀竟然起立、舉起手，表情嚴肅發起誓來。

「好極了，好極了！我已經明白長官的心意，我們倆都不可忘了今日的誓言。」眼見長官都已發下毒誓，蔣渭川終於放了心。（蔣渭川，《二二八事變始末記》）

但陳儀盤算著，蔣渭川已經起疑，民眾恐怕也已看穿他的緩兵之計。六日這天晚上八時半，陳儀到廣播電臺做了廣播：

臺灣同胞，自從二月二十八日臺北市事件發生以

蔣渭川

後，我曾兩次廣播，宣布和平的解決辦法。臺北方面，這幾天經憲警及地方人士共同努力，秩序已安定，曾經有問題的各縣市，已趨好轉，我想，不久可以恢復原狀。……我聽說因為奸黨造謠惑眾，致有同胞遷避的。我希望你們信賴政府，千萬勿輕信謠言。中華民族最偉大的德行就是寬大，不以怨報怨。我們對本省自己的同胞，難道還會不發揮寬大的美德嗎？……（三月六日，陳儀廣播詞）

然而，就在五日陳儀已經收到電文，得悉大軍即將開到；六日他還上呈電文要求再增兵力。此刻，他竟能若無其事、滿口謊言地對臺灣民眾廣播著。

高雄這邊，不等大軍來到，要塞司令彭孟緝已經部署妥當而搶先行動。三月六日上午，涂光明等人依約前往壽山高雄要塞，七名談判代表才進入會議室不久，涂光明、范滄榕、曾豐明旋即被捕，黃仲圖、彭清靠、林界、李佛續等人被衛兵看管於會議室。

擒住了上山的談判代表後，彭孟緝立即揮軍向市區進發鎮壓。一路由陳國儒部隊進攻市政府，先丟入手榴彈、見人就開槍；正在市政府等待談判消息的各界代表與市民，來不急逃走、反抗，當場有四、五十人喪命。從深夜到凌晨，軍隊開槍掃射跳入愛河躲藏的人，又向市府地下室丟入手榴彈，躲藏者難以倖存。另一路進攻高雄火車站與高雄中學，由何軍章率領。火車站前民眾、旅客見大軍殺到，急忙奔散或躲入地下道，軍隊包圍地下道兩端出口後，向內部掃射，造成嚴重傷亡。接著，進入高雄中學，救出被集中保護的外省人。因為學生抵抗，進攻過程兩名士兵陣亡，當晚軍隊調來迫擊炮，向高雄中學轟出六〇炮做為反擊；翌日又調來兩門美式八一迫擊炮支援，高雄中學內的民兵清除一空。

直到三月七日，軍事行動結束。在高雄要塞的涂光明、范滄榕、曾豐明三人隨後被「就地正法」；市長黃仲圖、議長彭清靠、臺電幹部李佛續釋回；林界則在二十三日被槍決。

陳儀得知消息，大為生氣，擔心彭孟緝的莽撞行動壞了大計。他已經完成布局，現在只等援軍抵臺，就要收網了。

第十二章

夢碎

三月七日，坊間已盛傳國府軍隊即將抵達的消息，人心惶惶，街市寥落。陳儀的態度也逐漸轉變，他發函給處理委員會，要求統整意見：

二二八善後事宜，各方代表紛紛來見，建議辦法莫衷一是，惟關於善後辦法，已組織二二八事件處理委員會，該會本可容納民眾代表，今後各方意見均須先交處理委員會討論，擬定綜合的意見後，由該會選定代表數人，開列名單向本署建議，以便採擇實施。

處理委員會仍在中山堂，終日召開會議。旁聽者極其擁擠，省黨部、保密局派出特務混雜其中。主席報告陳長官來函後，接著由王添灯發言，對過去處委會秩序混亂表示遺憾，旁聽席上喧譁不止。

「當局對我們的政治改革要求，無不全盤接受，但是承諾與實行是兩回事。沒有付諸實行的承諾，又有何用？」王添灯說。

「數日來，各位委員與旁聽同胞，都提出許多意見，今日是總結意見的時候了。臺灣的政治改革，不是天天在這裡吵鬧不休就可以實現的。所以今天，我提出對於處理此次事件及政治改革的最後方案，要求當局付諸施行。」擔任處委會宣傳部長以來，王添灯愈發熟練。

「今天處理委員會不能得到好結果，就是因為委員們都是國大代表、國民參政員、參議員等陳儀的走狗！所以臺灣省政治建設協會要求，這些御用仕紳退場反省！」一位政治建設協會幹部大聲嚷著。

「現在不是討論誰是誰非、互相排擠的時候，請政治建設協會的先生們冷靜一點……」有人發言反駁。

會場裡仍是鬧哄哄，你一言、我一語地陷入混亂狀態，無法制止。

終於，大家吵累了，會場安靜下來。

三十二條處理大綱

王添灯再度站起來，說明「三十二條處理大綱」。大綱內容分為「對於目前的處理」七條及「根本處理」二十五條，貫穿其中的基本精神，就是臺灣高度自治。

王添灯（王水柳文化基金會提供）

整個「三十二條處理大綱」的重點在「根本處理」部分，包括「軍事方面」與「政治方面」。「軍事方面」有三條：缺乏教育與訓練之軍隊絕對不可駐紮臺灣；中央可派員在臺徵兵駐守臺灣；內戰未終止前，除駐守臺灣目的外、反對在臺徵兵，以免臺灣陷入內戰漩渦。「政治方面」共二十二條，重點是要求臺灣高度自治，主要條文包括：

一、制定《省自治法》，為本省政治最高模範，以實現國父建國大綱之理想。

二、縣市長於本年六月以前實施民選，縣市參議會同時改選。

三、省各處長人選應經省參議會（改選後為省議會）同意，省參議會於本年六月一日前改選。目前處長人選由長官公署提出、交處理委員會審議。

四、省各處長三分之二以上須由在本省居住十年以上之人擔任。（尤其祕書長、民政、財政、工礦、農林、教育、警務等處長。）

五、警務處及各縣市警察局長，應由本省人擔任。

六、法制委員會委員半數以上，應由本省人擔任。

七、一切公營事業主管應由本省人擔任。

八、各地方法院院長、個地方首席檢察長，全部以本省人充任。

九、各法院推事、檢察官以下司法人員，過半數以本省人充任。

「三十二條處理大綱」的第二個重點是要求保障基本人權與參政權，包括：除了警察機關以外不得逮捕人犯；憲兵（除軍人外）不得逮捕人犯；禁止政治性之逮捕拘禁；非武裝之集會結社絕對自由；言論、出版、罷工絕對自由、廢止新聞紙發行申請登記制度；廢止《人民團體組織條例》；廢止《民意機關候選人檢覈辦法》；改進各級民意機關選舉辦法；撤銷宣傳委員會。

第三個重點是要求臺灣經濟管理合理化，包括實行所得統一累進稅，遺產稅、奢侈稅外，不得徵收任何雜稅；設置民選公營事業監督委員會；撤銷專賣局；撤銷貿易局等等。

請君入甕

這日會場上，各方代表爭相發言，中統、軍統特務也叫囂威脅，混亂中又通過另外十條大綱：

一、本省海陸空軍應盡量採用本省人。

二、警備總司令部應撤銷，以免濫用軍權。

三、行政長官公署制應改為省政府制，未獲中央核准前，暫由二二八事件處理委員會之政務局負責改組，選任公正賢達人士擔任。

四、處理委員會政務局應於三月十五日以前成立。

五、勞動營等不必要之機構，廢置或合併，由處理委員會政務局檢討決定之。

六、日產處理事宜，應請中央劃歸省政府處理。

七、高山同胞之政治經濟地位，及應享之利益，應切實保障。

八、本省六月一日起施行《勞動保護法》。

九、本省人之戰犯及漢奸嫌疑被拘禁者，無條件立即釋放。

十、已運至中央之食糖十五萬噸，要求依時價估計，所得款項撥歸臺灣省。

混亂中通過的「撤銷警備總部」、「本省人漢奸戰犯立即釋放」等條文，成為當局指控「反抗中央、背叛國家」的罪證，軍事鎮壓的藉口。

七日下午，中山堂內外已被嚴密監視。中國記者唐賢龍前來採訪新聞，當他踏出中山堂，發現很多奇奇怪怪的人盯著他看：

他們有的裝著叫化子，有的裝著僕役，有的裝著賣香菸的，有的裝著汽車夫。他們那種銳利的目光，盯得我實在有點怕人，更令我心寒。因為，我從他們的舉止和神態上看，我可以有很多證據，推測他們不是臺灣人，而是富有一些特殊使命的便衣。……（唐賢龍，《臺灣事變內幕記》）

傍晚五時許，處理委員會散會。代表們會見陳儀，提出這「四十二條處理大綱」。陳儀尚未看完，即勃然震怒，將文件擲地而去。前往的代表們面對陳儀態度如此巨大轉變，不禁面面相覷、相顧失色。

晚上六時二十分，王添灯以處理委員會宣傳組長的身分到電臺做最後一次廣播。他首先向中外闡明此次事件的原因、經過，及臺灣人的要求；其次報告處理委員會開會經過，及所提要求已遭陳儀長官拒絕之詳情；隨後宣讀「四十二條處理大綱」。最後，王添灯向民眾呼籲：

處理委員會的使命已經完成了，從今以後，此次事件已經不能由處理委員會單獨處理，只有全體省民的力量才能解決，同時，才能達成全體省民的合理要求，希望全體同胞繼續奮鬥！

聽完王添灯廣播之後，警備總部參謀長柯遠芬心情大好。他已準備好「甕中捉鱉」，因為取消警備總部、解除武裝、陸海空軍由臺灣人擔任、司法人員由臺灣人擔任等等，這些「都離開了改革省政的立場」、「完全是要求獨立」，已經是「叛國的證據」，柯遠芬日記中說：

晚上與師管區劉司令一同進餐，今晚大家的話更多，真是談笑風生！劉司令說為什麼三十二條提出了以後，大家反而增加了飯量？這就是為國珍重啊！現在，他們的陰謀大暴露了，現在是我們理直氣壯了，我們苦守了八天，今天我們才掙得了主動，黑暗的日子過去了，光明就在眼前，我們為什麼不高興呢？

處理委員會則是陷入一團混亂，因為昨晚陳儀長官態度大為轉變、突然翻臉不認帳，拒絕該會所提出的改革建議。而民間正在盛傳大軍即將來到，商店關門上大門、路上行人絕跡，委員們擔心將有大禍臨頭。八日上午十一時許，憲兵第四團團長張慕陶來到中山堂處委會會場，他發表個人談話：

此次事件，實為不幸。臺省諸領袖及臺胞要求政治改革，實為合理，我們外省人亦願意協助……余並希望省民之要求，不要牽涉政治方面，一切軍隊皆為國家之軍隊，權力屬於中央……余可以生命保證，軍隊絕對不再開槍，余亦相信，中央絕不派兵來臺……希望省民不可懷疑中央，我們偉大的蔣主席，必定同情臺灣同胞之正當要求……

張慕陶一再以性命擔保，但是就在他誑言保證之時，由福州調來、搭乘海平輪的兩營憲兵部隊已經抵達基隆港。中央援軍已經兵臨城下。

二二八事件處理委員會接受張慕陶的建議，隨後發表聲明，否定昨日通過的「處理大綱」，說是「本會決議提請陳長官採納施行之三十二條件，因當時參加人數眾多、未及一一推敲，例如撤銷警備總部、國軍繳械，幾近反叛中央，絕非省民公意」，但是，一切已經來不及了。

臺灣大屠殺

三月八日下午三時，海平輪上的兩營憲兵從基隆港登岸，與基隆要塞部隊夾擊市民，爆發市街戰。晚上十時，兩營憲兵自基隆向臺北進發，市內各處機槍、步槍聲不斷。九日凌晨，由上海開來的太康艦，載滿整編二十一師部隊，自基隆抵達臺北，警備總司令陳儀宣布臺北、基隆戒嚴。

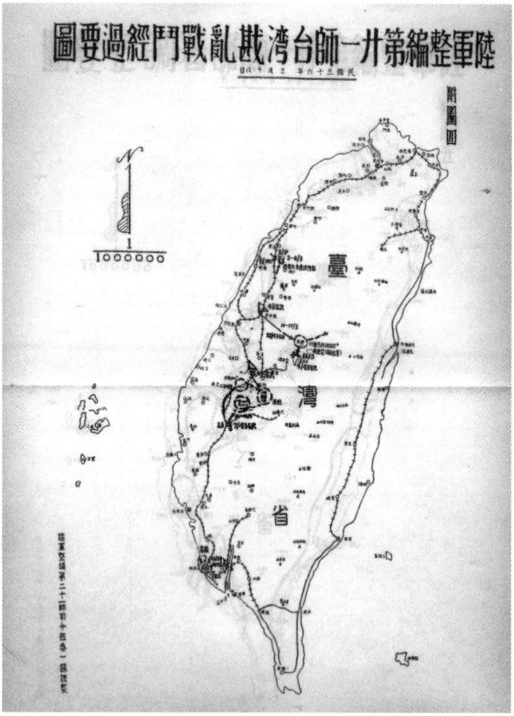

整編二十一師臺灣戡亂圖

十日，陳儀宣布全省戒嚴，並解散二二八事件處理委員會、各地分會及一切「非法團體」，參與處理委員會的重要幹部、地方仕紳，都成為被捕殺追緝的對象。十五日，警備總部下令封閉臺北市《民報》、《人民導報》、《中外日報》、《大明報》、《重建日報》等報社。軍隊在各地進行武力鎮壓，各處死傷慘重，至十七日國防部長白崇禧抵臺，以電文報告蔣介石，「全臺秩序大致恢復，尚有少數奸黨與武裝暴徒合流，刻正追剿。」

在上海的楊肇嘉、陳重光、李應章等人，聽說故鄉動亂，極為憂慮，又聽聞大軍以武力血腥鎮壓，心急如焚，連忙號召六個臺灣同鄉會團體召開緊急記者會，並向國民政府、監察院陳情。在旅滬六團體所提出的〈臺灣事件報告書〉中，如此描述：

> ……八日國軍開到，陳儀、柯遠芬等立即推翻諾言，對無辜民眾實行大規模之屠殺，對地方有名人士大事逮捕或槍決，造成臺灣有史以來之大恐怖。一直繼續至十八日白部長抵臺，始略告緩和。然恐怖行為至今仍未完全停止。
>
> 自八日至十六日，臺胞被屠殺之人數初步估計以高雄最多，約三千餘人；基隆、臺北次之，各約兩千餘人；嘉義一千餘人；淡水約

畫家黃榮燦《恐怖的檢查》版畫見證二二八事件

一千人；新竹、桃園、臺中、臺南、苗栗其他各地一二百人不等；總數在一萬人以上。連重輕傷者計之，至少在三萬人以上。

屠殺方法殘酷無倫：如（1）基隆軍隊用鐵絲穿過人民足踝，每三人或五人為一組，捆縛一起。單人則裝入麻袋，抛入海中，基隆海面最近就時有屍首浮出。（2）高雄軍隊對集會中千餘民眾用機槍掃射，全部死亡。（3）臺北別働隊使用機槍及坦克車殺害平民。（4）基隆軍隊割去青年學生二十人之耳鼻及生殖器，然後用刺刀戮死。（5）臺北將所捕平民四五十名由四層樓推下，跌成肉餅，未死者再補以刺刀。（6）高雄將人釘在樹上，聽其活活餓死。（7）卡車上巡邏兵見三人以上之民眾，即開槍擊殺。（8）哨兵遇路過民眾，不問情由開槍擊殺。（9）各地大批逮捕平民，未經審訊即綁出槍決或半途處決。（10）嘉義、臺南一帶人民因聞蔣主席、白部長一律從寬免究之廣播後，向當局自首，竟亦被捕槍決。（11）軍隊以清鄉為名，入民家搜查，將財產取去後，復殺人滅口。……

被殺之人民，以青年學生最多，一般民眾次之，社會中堅階層又次之。真正流氓反多被編入別働隊，用以殘殺民眾。……

北部地區意見領袖，大都遭軍憲警人員帶走後失蹤，如省參議員王添灯、國民參政員林茂生、制憲國大代表林連宗、臺北市參議員徐春卿、李仁貴、陳屋、黃朝生、《人民導報》社長宋斐如、《臺灣新生報》總經理阮朝日、編輯吳金鍊、《大明報》發行人艾璐生、臺灣省政治建設協會幹部廖進平、醫生施江南、律師李瑞漢、李瑞峰、法官吳鴻麒、前新竹市檢察官王育霖、臺灣信託總經理陳炘等等。

南部社會菁英，則多被公開槍決、曝屍示眾。如嘉義三民主義青年團主任陳復志、嘉義市參議員潘木枝、柯麟、盧鈵欽、畫家陳澄波、《臺灣新生報》嘉義分社社長蘇憲章、嘉義處理委員會幹部黃水樹、作戰本部參謀長盧鎰等，在嘉義火車站前被公開槍決示眾。臺南律師湯德章於遊街示眾後，槍決於民生綠園；臺南縣參議員黃媽典也被公開槍決。

事件中，部分家庭犧牲慘烈。嘉義中學校長陳慶元的三個兒子，都因二二八事件遭逢劫難。三子陳顯富，一九二〇年生，任嘉義中學教師，為保護學生參與學生軍，事件後被追捕，逃入嘉義阿里山，加入中共地下黨，一九五一年八月被保安司令部槍決。四子陳顯宗，任職於南靖糖廠，三月七日奉廠長之命護送外省人到嘉義市，卻遇上國府軍隊，與同事共五人被綑綁於樹上、遭刺刀刺死，身上有三十六處刀傷。六子陳顯能，一九三二年生，嘉義中學初中部學生，因駐紮山仔頂的軍隊向市區開火，不幸被炮彈碎片擊中頭部，當場殞命。

陳慶元校長也在事件後被捕，遭受電擊刑求，受難四個多月後釋回。返家後沉默無語，一九五〇年逝世。

花蓮參議會議長、制憲國大代表張七郎，一八八八年生，在花蓮開設仁壽醫院。他的三個兒子宗仁、依仁、果仁，早年在滿洲國行醫，戰後應父親召喚，回臺服務。二二八事件後的清鄉過程中，父子四人都被軍隊逮捕，後僅有張依仁因具備軍醫身分被釋回，張七郎、宗仁、果仁則被押到鳳林郊外公墓殺害。張家遺族在墓碑上刻著「兩個小兒為伴侶，滿腔熱血灑郊原」，表示抗議。

嘉義中學校長陳慶元（前排中）與三子陳顯富（後右一）、四子陳顯宗（後右二）。（《嘉義北回二二八》）

事件中極為活躍、預備擔任處理委員會政務局長的陳逸松，三月八日軍隊將抵臺北前，獲前軍統局臺灣站站長陳達元通知，由劉明帶領，沿著大稻埕水門外淡水河岸，徒步走到萬華保密局臺灣站站長林頂立宅邸，在此獲得保護。劉明則在自宅與甘蔗園間藏身。直到白崇禧抵臺，兩人方才出面。事後，陳儀推薦劉明擔任臺灣省政府委員未果，出任石炭調整委員會主任委員；陳逸松則被蔣介石提名、出任第一屆考試委員。

事件中也受到陳儀長官所倚重的蔣渭川，遭遇大不同。三月十日上午十時許，四、五名帶槍的警察闖入家中，一入門就厲聲要找蔣渭川。

「我就是蔣渭川，有何貴事？」蔣渭川應聲而出。

「我們奉命來槍斃你！」其中一人持短槍、捉住蔣渭川的手。

「豈有此理！我要去見陳長官，有事當面解決！」蔣渭川簡直不敢相信眼前所見。

那警員不由分說，就要將蔣渭川拖出去路邊槍殺，老妻拉住警員，阻止開槍，被四名警員壓制在門板上。執短槍的警員朝蔣渭川頭部開槍，但槍枝故障、火藥不發，員警將捉住的手放下，正待修理槍枝之際，蔣渭川奪門而逃。六歲的三子蔣松平在房門口大哭，十七歲的四女蔣巧雲正要將其抱起，不料子彈從後面飛來，從巧雲的頭部貫入，卡在松平的胸腔。隨後趕到要親自逮捕蔣渭川的憲兵第四團團長張慕陶，眼見蔣已逃離，悻悻離去。蔣巧雲幾日後傷重不治，松平則幸運救活。

蔣渭川逃亡了一年後，復出政壇。

望鄉不歸

二二八事件對臺灣社會造成重創，數以萬計的社會菁英與青年學生，在動亂中遭到報復性的濫殺。一九四七年四月，警備總部整理了〈二二八事件叛逆名冊〉，一千餘名各地仕紳都在「叛逆」之列，林獻堂排名第一。

儘管如此，林獻堂在二二八事件中保護財政處長嚴家淦；雖被推舉為臺中二二八處理委員會委員，並未積極參與，終於未遭追究。三月十四日，躲藏許久的臺中市長黃克立復出，林獻堂應其所請，籌備國府軍隊進入臺中的歡迎事宜。後經國民黨臺中黨部以「深明大義，守正不阿，擁護本黨，分化奸徒力量」為由，舉為有功人員。一九四七年五月十六日，臺灣省政府成立，魏道明出任主席，林獻堂被任命為十四位省府委員之一。

一九四九年國民黨政府在國共內戰中兵敗如山倒。陳誠在危急中出任臺灣省主席，強力推動三七五減租、強徵大戶餘糧。林獻堂身為大地主，陳誠的政策嚴重衝擊他的財產及經濟能力，因此屢次表達反對意見。陳誠公開表示：「倘有專為自私利益打算，企圖阻撓者，那麼，本主席為極大多數人民生活之改善，與社會真正安定，決心排除這種障礙，嚴厲懲處這班不良分子！」甚至威脅說：「刁皮搗蛋、不要臉的人也許有，但是我相信，不要命的人總不會有！」

一九四九年九月二十三日，林獻堂以養病為由，離臺赴日。這年十二月二十日，聽聞陳儀在臺灣被槍斃的消息，他在日記裡寫著：

> 陳儀接收臺灣，未曾舉行一事為臺民之利益，因是人民甚不滿，以致二二八之暴動。陳儀不反省，藉是而行虐殺，林茂生、陳炘、施江南、林連宗外千餘名，皆死於彼之毒手。彼固應受之報，茂生等有知，當含笑於地下矣。

林獻堂聽聞的消息並不正確，陳儀在一九五〇年六月方遭槍決。但是，陳儀之死並非為事件負責。二二八事件後，陳儀未受到懲處，他回到上海，一九四八年奉派為浙江省主席；一九四九年國共內戰中，國民黨軍隊敗相已露，陳儀策動其義子、時任京滬杭

彭孟緝在二二八事件後受到表揚

總司令的湯恩伯開城投共，卻被湯恩伯出賣、密報保密局。保密局逮捕陳儀後，押解臺灣，一九五〇年六月十八日在臺北執行槍決。蔣介石處決陳儀，是因為陳儀投共。當年誣指二二八事件是共產黨煽動而大開殺戒的陳儀，最終自己卻因投共而死，真是莫大諷刺。

在二二八事件中率先武力鎮壓、從壽山要塞殺下山來的彭孟緝，被民間稱為「高雄屠夫」。但因「制敵機先」有功，深受最高當局賞識，自此一路官運亨通，出任臺灣全省警備司令、臺灣保安司令部副司令、衛戍司令、參謀總長等職。

在日本的林獻堂，為了取得盟軍總部給予永久居留權，他掛名「臺灣民主獨立黨顧問」，獲得政治庇護。但是，他對廖文毅、黃南鵬、藍國城、陳哲民等人在日本推動的臺灣獨立運動，卻是保持距離、敬而遠之。

一九四九年底國民黨政府撤退臺灣後，屢屢派出大員前往遊說滯日不歸的林獻堂。丘念台、蔡培火、劉啟光、李文蔚、鄭介民、嚴靈峰、何應欽等人都曾銜命赴日勸說。總統府資政丘念台是林獻堂好友，多次受命前往，但是，一九五一年二月，他竟然告訴林獻堂：「蔣總統、陳誠院長能信任您，但以下之人多懷疑您為共產黨，最好您不要回臺！」銜命赴日的丘念台，阻止林獻堂歸臺，當是另有盤算。同時，丘念台屢屢對如何招撫廖文毅的臺獨運動出謀獻策，儼然成為為當局籌謀臺灣人問題的首席策士。

一九五五年九月，蔡培火奉命前來遊說林獻堂。他是林獻堂自日本時代以來的老戰友，如今已貴為行政院政務委員。

「先生是臺灣長老，不能事先生安居臺灣，是臺灣無善政所致，蔣總統受到不少非難。」蔡培火開口就是為最高當局顧慮。

林獻堂沒有回答。

「先生的家族親友，都甚盼望您歸臺，以慰懸念。」他又動之以情，林還是默然。

「臺灣民眾散漫缺乏領導，先生歸臺，必能使臺灣人有所瞻仰。」接著給林獻堂戴高帽。

「去年我剛動過手術，身體稍癒，雖然很想回去，但恐怕一回去，就再也出不來了。何況，我也不願政府加我頭銜、命我做事。」林獻堂對這個政府灰心已極。

這日兩人相談沒有結果，但蔡培火不放棄，又連連來訪。

蔡培火與林獻堂最後的見面（《蔡培火的詩曲及彼個時代》）

十月十一日，兩人談了一個多小時，林獻堂皆不回答。

「有人說我是政府走狗，這話是誰放出來的？」勸歸不成，蔡培火突然惱羞成怒，想到臺灣社會對他的批評，轉而質問林獻堂。

「絕不是我說的，請你放心。」兩人談話至此，不歡而散。

由於任務未成，蔡培火無以交代，仍不斷來勸，林獻堂已感到不耐煩。

十四日，蔡培火又來。

「危邦不入，亂邦不居，這是聖人的誡訓，豈敢忘記。臺灣者，危邦、亂邦也！豈可入乎、居乎？非僅危、亂而已，並且毫無法律觀念，一旦我回臺，豈不一任蔣氏生殺予奪之權？我若歸去，無異籠中之雞啊！」林獻堂終於一吐為快。（《林獻堂日記》）

蔡培火未料林獻堂竟然這樣坦白，灰頭土臉之餘，匆匆辭去。

一九五六年九月八日，林獻堂因衰老併發肺炎，逝於東京久我山寓所，骨灰歸葬霧峰林氏墓園。這個他抵抗了大半輩子的殖民母國——日本，竟然成為他晚年的庇護之所！

殘局

二二八事件中積極活躍的前臺灣共產黨人謝雪紅、蘇新、王萬得、潘欽信、蕭來福……

等人，在國府軍隊增援之前，都已全身而退、逃出臺灣。事件發生當時並不在臺灣的廖文毅，則成了通緝要犯，亡命香港。雙方一度合作，組成「臺灣再解放聯盟」，要向國民黨宣戰。但是，對於臺灣前途看法分歧，合作關係無法維繫。

從島內出亡的黃紀男、邱炳南（邱永漢）、莊要傳等青年，陸續偷渡到香港投效廖文毅的獨立運動，一九四九年逐漸轉往東京做為發展根據地，廖文毅前往盟軍統治下的日本，一九五〇年五月成立「臺灣民主獨立黨」，推動臺灣公投獨立運動，一九五六年又成立臺灣共和國臨時政府，自任大統領。

但是，潛入臺灣發展組織的黃紀男被捕下獄，組織潰散。國民黨政府又將雲林廖家財產沒收、將廖文毅兄嫂廖蔡綉鸞、姪子廖史豪逮捕，以性命相逼，一九六五年廖文毅投降回臺。他的餘生在監視與消沉中度過，一九八六年五月，逝於臺中沙鹿醫院，距離臺灣解嚴只差一年。

謝雪紅、蘇新等人另成立「臺灣民主自治同盟」，先後進入北京，一九四九年謝雪紅以臺盟主席的身分成為中華人民共和國建國初期最重要的臺灣代表。這些前臺灣共產黨員來到中國後，重演日本時代的內鬥。一九五〇年，謝雪紅檢舉蘇新等三十多人為「叛徒」；一九五七年的反右鬥爭、一九六六年的文化大革命，謝雪紅反過來被批鬥抄家，一九七〇年在困頓中逝世。

留在臺灣的臺籍菁英們，大半都投靠了國民黨。

蔣渭川逃亡一年後，由新任國民黨臺灣省黨部主委丘念台具保，撤銷通緝。一九四八年他遞補省參議員，一九四九年十二月吳國楨接任臺灣省主席，被任命為省府委員兼民政廳長。但是，這個任命引發臺灣社會議論，有人以二二八事受難者王添灯、林茂生、宋斐如、吳鴻麒等人的名義在報端刊登廣告，嘲諷他出賣同胞而榮任高升。蔣渭川這個民政廳長只當了四十天，就因省參議會派系風潮而下臺。一九五〇年，他出任行政院內政部常務次長，這是他政治生命的最高峰。一九六〇年轉任行政院顧問、臺灣產物保險董事長，一九六四年任省政府顧問，一九七五年逝世，享壽八十歲。

陳逸松於一九四八年出任考試院委員，一九五四年未獲國民黨提名連任、淡出政壇。一九六三年他突然以無黨籍候選人名義，登記參選臺北市長，此時已是五十八歲高齡。這次參選，競爭對手是無黨籍人士高玉樹，陳逸松僅得到三三二二票難看的票數而落選。一九七一

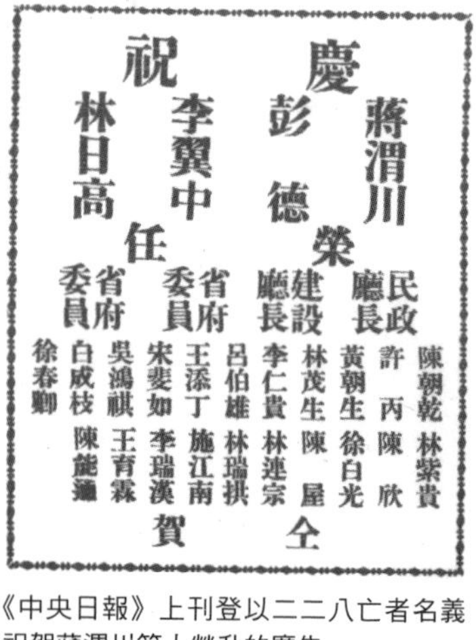
慶祝
民政廳長　蔣渭川
建設廳長　彭德
省府委員　李翼中
省府委員　林日高
榮任
陳朝乾　林紫貴　許丙　陳欣　黃朝生　徐白光　林茂生　陳屋　李仁貴　林連宗　呂伯雄　林瑞拱　王添丁　施江南　宋斐如　李瑞漢　吳鴻祺　王育霖　白成枝　陳能通　徐春卿
仝賀

《中央日報》上刊登以二二八亡者名義祝賀蔣渭川等人榮升的廣告

年，國防部情報局（軍統局）以花旗銀行爆炸案為由約談他、拘留數日後釋回。陳逸松深恐危險即將降臨，一九七二年離臺後，竟然前往中國，出任全國人民代表大會常委、政治協商會議常委，長居北京八年。晚年居美國休士頓，二〇〇〇年過世，享壽九十三歲。

日本時代活躍一時的陳逢源，先是主導了二二八事件中死亡的陳炘所主持的臺灣信託與華南銀行的合併案，出任駐會常務董事，一九四八年成為臺北區合會儲蓄公司董事長，兩年後又出任陳炘所創辦的大公信託董事長。一九五一年起擔任兩屆臨時省參議員後，放棄連任，專心商業活動，並與黨國大老監察院長于右任等合組「臺北詩壇」，詩文唱和。

羅萬俥於一九四八年當選立法委員、國民黨臺灣省黨部執行委員、臺灣保險公司董事長，一九五五年取代林獻堂出任彰化銀行董事長。

吳三連是少數未加入國民黨，並且仍能活躍於政治領域者。一九四八年他當選第一屆國民大會代表，一九五〇年經蔣介石總統任命為臺北市長兼省府委員，次年參選臺北市長，以極高的六五．六%得票率當選。一九五四年當選臨時省議會議員、一九五九年連任省議員。此後投入報業，逐漸淡出政壇，他經營的《自立晚報》，報頭標示著「無黨無派　獨立經營」幾個字，成為黑暗時代中少數勇於發聲的媒體。

許多人則深受二二八事件打擊，拒絕參與中國式政治，從公共領域頹然退出。因擔任臺中處理委員會主委而被捕的臺中圖書館館長莊垂勝，釋放後隱居於萬斗六，老友畫家藍運登前往探視，他悲痛地問：「這款的社會，活下去又有什麼意義？」晚年種植荔枝、龍眼，經營農場維生。

佳里醫生吳新榮，因參加北門處理委員會，躲藏一段時間後出面「自新」，卻遭拘禁百日，父親吳萱草也被捕。一九四七年底最後一天，他在日記上寫著：

> 任你主觀上如何變化，所謂二二八事變在歷史上的意義是難忘的……可教子子孫孫永久不忘！要報冤仇！

晚年的葉榮鐘寄情述史，努力為時代留下見證。（國立清華大學圖書館珍藏資料）

《民報》總編輯許乃昌，事件後成為政府長期監視的對象。白色恐怖時期，他不斷遭調查局約談、留置，直到晚年仍受此苦，生活潦倒，抑鬱而終。早年在「臺人奴化」論戰中戰力十足的文化人王白淵，事件後一度被捕，一九五〇年又捲入白色恐怖案件，入獄四年，一九六四年再度入獄，隔年病逝。《民報》總主筆黃旺成，先是逃亡上海，後來在他的學生、新竹防衛司令蘇紹文的協助下出面「自新」。晚年進入臺灣省文獻委員會任編纂組長，專心纂修《臺灣省通志稿》，又任新竹縣文獻會主委，纂修《新竹縣誌》。

專心述史，成為多位經歷日本時代及戰後恐怖時代的政治運動者的晚年選擇，他們遠離政治、投身記述臺灣文史的工作。《民報》記者吳濁流寫出他所見的戰後社會與二二八事件，成書《臺灣連翹》，戒嚴時期無法發表；連溫卿撰寫左翼視角的《臺北市志政治運動篇》，至解嚴後才得以見天日；王詩琅完成《日本殖民體制下的臺灣》、《臺灣人物誌》、《臺灣文學的重建》等書；吳新榮以自己一生經歷兩個時代，寫下《吳新榮回憶錄》；葉榮鐘也寄情述史，撰寫《臺灣民族運動史》、《臺灣人物群像》等書。一九八〇年代，垂垂老矣的王詩琅、葉榮鐘為康寧祥所創辦的黨外雜誌《八十年代》撰寫文章。在經歷日本時代的抗爭、戰後的風暴之後，他們相繼潛心寫作，要為時代留下見證。

尾聲

一九四九年年底，在國共內戰中失敗的國民黨政府失去中國大陸整個領土，臺灣成為庇護之地。惶惶如驚弓之鳥的國民黨政府實施戒嚴軍事統治，公布《懲治叛亂條例》嚴懲「匪諜」，更頒布《戡亂時期檢肅匪諜條例》打造「檢舉匪諜人人有責」的社會相互監視體系，臺灣進入嚴酷的白色恐怖時期。

但是，恐怖統治無法阻嚇人心，「臺灣是臺灣人的臺灣」的種子已經播下，只要人們仍然堅持並殷殷澆灌，就會在某個歷史時刻開出自由之花、民主之果。

參考材料

《人民導報》，一九四六年。
《民報》，一九四五－一九四七年。
《政經報》，臺北：傳文文化公司復刻版，一九九八。
《前鋒》，一九四六年。
《臺灣日日新報》，電子資料庫。
《臺灣青年》，一九二〇－一九二二年。
《臺灣》，一九二二－一九二四年。
《臺灣民報》，一九二三－一九二七年。
《臺灣新報》，一九四五年。
《觀察》，一九四六－一九四七年。
中央研究院近代史研究所編，《二二八事件資料選輯（一）－（四）》，臺北：中央研究院近代史研究所，一九九二－一九九三。

丘念台，《嶺海微飆》，臺北：中華日報社，一九六二。
李昭容，《鹿港丁家之研究》，鹿港：左羊，二〇〇二。
吳三連口述、吳豐山撰述，《吳三連回憶錄》，臺北：自立晚報社，一九九一。
吳新榮，《吳新榮回憶錄》，臺北：前衛出版，一九八九。
吳新榮著、張良澤編，《吳新榮日記全集一九三三—一九六七》，臺南：國立臺灣文學館，二〇〇七—二〇〇八。
吳濁流，《無花果》，臺北：前衛出版，一九八八。
吳濁流，《臺灣連翹》，臺北：前衛出版，一九八八。
林木順，《臺灣二月革命》，臺北：前衛出版，一九九一。
林莊生，《懷樹又懷人：我的父親莊垂勝、他的朋友及那個時代》，臺北：自立晚報社，一九九二。
林獻堂著、許雪姬等注，《灌園先生日記一九二七—一九五五》，臺北：中央研究院臺灣史研究所，二〇〇〇—二〇一二。
周婉窈，《日據時代的臺灣議會設置請願運動》，臺北：自立晚報社，一九八九。
連溫卿著、張炎憲等校訂，《臺灣政治運動史》，臺北：稻鄉出版，一九八八。

陳柔縉，《私房政治》，臺北：新新聞出版，一九九三。
陳逸松口述、林忠勝撰述，《陳逸松回憶錄：太陽旗下風滿樓》，臺北：前衛出版，一九九四。
陳翠蓮，〈日據時代臺灣文化協會之研究——抗日陣營的結成與瓦解〉，國立臺灣大學政治學研究所碩士論文，一九八七。
陳翠蓮，《派系鬥爭與權謀政治——二二八悲劇的另一面相》，臺北：時報出版，一九九五。
陳翠蓮，《臺灣人的抵抗與認同一九二〇—一九五〇》，臺北：遠流，二〇〇八。
陳翠蓮，《重構二二八：戰後美中體制、中國統治模式與臺灣》，臺北：衛城，二〇一七。
張深切著、陳芳明等編，《張深切全集 第一、二卷里程碑 又名黑色的太陽》，臺中：文經社，一九九八。
張漢裕主編，《蔡培火全集　第一冊家世生平與交友》，臺北：吳三連史料基金會，二〇〇〇。
張漢裕主編，《蔡培火全集　第二冊政治關係——日本時代》，臺北：吳三連史料基金會，二〇〇〇。
黃旺成著、許雪姬等注，《黃旺成先生日記一九一二—一九二九》，臺北：中央研究院臺灣史研究所，二〇〇八—二〇一六。

黃旺成，《黃旺成日記一九三〇—一九四六》，未刊本。
黃昭堂，《臺灣總督府》，臺北：自由時代，一九八八。
黃富三，《林獻堂傳》，南投：臺灣文獻館，二〇〇四。
黃富三、陳俐甫編，《近現代臺灣口述歷史》，板橋：林本源基金會，一九九一。
葉榮鐘，《半路出家集》，臺中：中央書局，一九六五。
葉榮鐘，《小屋大車集》，臺中：中央書局，一九七七。
葉榮鐘，《臺灣人物群像》，臺北：帕米爾書店，一九八五。
葉榮鐘，《日據下臺灣政治社會運動史》（上）（下），臺中：晨星出版，二〇〇〇。
葉芸芸編寫，《證言二二八》，臺北：人間出版，一九九〇。
葉芸芸，《餘生猶懷一寸心》，臺北：印刻出版，二〇〇六。
楊肇嘉，《楊肇嘉回憶錄》，臺北：三民書局，一九六八。
楊翠，《日據時期臺灣婦女解放運動：以《臺灣民報》為分析場域（一九二〇—一九三二）》，臺北：時報出版，一九九三。
蔣渭川，《二二八事變始末記》，臺北：家屬自印，一九九一。
謝金蓉編著，《蔡惠如和他的時代》，臺北：臺灣大學出版中心，二〇〇五。

蘇新，《憤怒的臺灣》，臺北：時報出版，一九九三。

蘇新，《未歸的臺共鬥魂：蘇新自傳與文集》，臺北：時報出版，一九九三。

臺灣總督府警務局編，《臺灣總督府警察沿革誌第二編—領臺以後の治安狀（中卷）臺灣社會運動史》，東京：龍溪書舍復刻版，一九七三。

松本三之介，《吉野作造》，東京：東京大學出版會，二〇〇八。

松尾尊兊，《大正デモクラシーの研究》，東京：青木書店，一九七三。

松尾尊兊，《民本主義と帝國主義》，東京：みすず書房，一九九八。

若林正丈，〈資料介紹—臺灣總督府秘密文書「文化協會對策」〉，《臺灣近現代史研究》創刊號，東京：龍溪書舍，一九七八。

謝春木，《臺灣人の要求》，臺北：臺灣新民報社，一九三一。

外務省外交史料館，在本邦清國留學生關係雜纂雜ノ部，3,10,5,17。

外務省外交史料館，過激派其他危險主義者取締關係雜件支那國人，4,3,2,1—2—1。

外務省外交史料館，不逞団關係雜件朝鮮人ノ部朝鮮人ト太平祥會議，4,3,2,2—1—15。

外務省外交史料館，不逞団關係雜件臺灣人ノ部，4,3,2,2—2。

外務省外交史料館，要視察外國人ノ舉動關係雜件支那國人ノ部，4,3,1,2—5。